谢立斌 著

研究生论文写作
与时间管理

北京大学出版社
PEKING UNIVERSITY PRESS

图书在版编目（CIP）数据

研究生论文写作与时间管理／谢立斌著. -- 北京：北京大学出版社，2024.12. -- ISBN 978-7-301-35809-2

Ⅰ．G642.477

中国国家版本馆 CIP 数据核字第 2024M407S0 号

书　　　名	研究生论文写作与时间管理 YANJIUSHENG LUNWEN XIEZUO YU SHIJIAN GUANLI
著作责任者	谢立斌　著
责 任 编 辑	闫　淦　方尔埼
标 准 书 号	ISBN 978-7-301-35809-2
出 版 发 行	北京大学出版社
地　　　址	北京市海淀区成府路 205 号　100871
网　　　址	http://www.pup.cn　http://www.yandayuanzhao.com
电 子 邮 箱	编辑部 yandayuanzhao@pup.cn　总编室 zpup@pup.cn
新 浪 微 博	@北京大学出版社　@北大出版社燕大元照法律图书
电　　　话	邮购部 010-62752015　发行部 010-62750672 编辑部 010-62117788
印 刷 者	大厂回族自治县彩虹印刷有限公司
经 销 者	新华书店
	880 毫米×1230 毫米　32 开本　7.125 印张　170 千字 2024 年 12 月第 1 版　2025 年 6 月第 2 次印刷
定　　　价	58.00 元

未经许可，不得以任何方式复制或抄袭本书之部分或全部内容。
版权所有，侵权必究
举报电话：010-62752024　电子邮箱：fd@pup.cn
图书如有印装质量问题，请与出版部联系，电话：010-62756370

序　写作就是自身的映照

赵　宏

　　立斌老师完成了一本教人如何写论文的书并邀我作序,接到任务后延宕很久,才终于落笔。

　　如他在后记中所写,我和他是1999年中国政法大学宪法学与行政法学专业(以下简称"宪行专业")的硕士同学,那时研究生尚未迎来扩招,宪行专业统共十几个人。大家同住在现在被认定为历史文物的学院路三号楼,一起上课,一道去食堂,甚至还常常在开水间排队聊天,度过了非常愉快的三年。硕士毕业后我去北京大学读博,他直接去德国深造,但因为都学习德国法,所以之后的命运也就产生了很多交集。还记得最初认识他时,他介绍自己是从天津大学英语系考来的,因为我本科时也挺爱学外语,所以马上开始向他请教。他煞有介事地说,要学好英语至少要把《牛津英语词典》都背下来,我一度信以为真,真的这么操作起来,后来因为实在坚持不了而放弃,但由此也对他产生了深深的敬佩之情。虽然直到现在我也没求证过,他自己到底是不是真的把词典背了下来。

　　记得研三时,德国汉堡大学法学院的Stober教授(也是后来立斌老师的博士生导师)来访,为我们宪行班的同学讲授一周的德国行政法,立斌老师和另一个本科学英语的同学被委以英文翻译的重任。当时的学习条件非常有限,每逢某位老师在跨海交流时获得一本台湾地区学者的书籍,都会被同学们交相复印、奉若至宝。在这种背景下,可以想见能够听一周德国教授的专门授课,在当时会让人何等雀跃。但显然我们和老师甚至连翻译都没准备好。我至今还记得 Stober 教授的助手第一天就在讲"主观权利和客观法",但至于究竟要把 subjective right(subjektives Recht)和 objective law(objektives Recht)翻译成什么,基本要看立斌老师的临场应对。一周下来,我记了密密麻麻的半本笔记,但后来再翻阅时,自己都不明白到底写了些什么,那本笔记的最终作用也只是成为我的硕士毕业论文里的一个脚注。但也许就是那次听课经历,立斌老师和我后来都学了德国法,我甚至在十几年后还从事起主观公权利的研究。这么想想,人生真是奇妙,因果的弧线往往比想象中更长。

  立斌老师的这本书聚焦于论文写作,这对硕士研究生甚至博士研究生而言可能是阶段性任务,但对我们几乎就是日常。每逢有学生来找我表达想考博的宏愿时,我都会先泼一瓢冷水:"你能接受接下来的每一天都要坐在电脑前孤独作业吗?你能接受殚精竭虑写的论文,可能要历经漫长的周期才能最终发表,而发表时你的成就感早已随时间流逝而消失殆尽了吗?"打击归打击,经过了快二十年,我自己倒是已习惯甚至喜欢这种状态,即那种唯有通过书写才能思考的工作状态。所以我的公众号签名是"没有什么能拯救你,除了写作"。相信立斌老师愿意分享他的写作心得,也有这一原因。

立斌老师在书里手把手地教学生如何选题、如何收集文献、如何构思、如何起初稿、如何进行修改,甚至还亲自上阵讲授在写论文时如何进行时间管理、情绪管理甚至身材管理,倾囊相授的背后是一个老师的殷切用心。但看别人教写论文和自己写论文很像网购,卖家秀和买家秀往往相差甚远,所以要写得好还需要不断地实践。我自己在讲论文写作课时也常常会说,没有人通过上几次写作课就能写好一篇论文,老师讲授和自己习作之间的巨大沟壑往往需要大量的学术阅读和亲自演练来填满。

说到论文写作,最先涉及的就是写什么的问题。选题本身其实就已带有作者强烈的个人标签,有人为智识乐趣和知识增量而写,有人为现实关切和社会问题而写,能找到好的主题就已预示着写作的成功。有时看学生在论文中还要花笔墨论证写作的必要性和重要性都会哑然失笑,因为写作的必要性并不需要专门论证,而是通过文章自身来表现的。选题关系到个人的兴趣领域和研究旨趣,这个无法统一,但如果写作者对选题已有笃定的自信和健康的雄心,以我的个人经验而论,大概率会是个很好的选题。另外,说到社科研究的主题,我还非常推崇北京大学历史学系罗新老师(《漫长的余生:一个北魏宫女和她的时代》的作者)所说的,"选择不做什么比做什么更重要",因为在一个底线被不断突破的时代,勇于反抗和积极进取固然重要,但守节无为同样需要足够的勇气。罗老师在60岁时发愿,绝不写任何与时代无关的作品,这句话对我的影响同样很大。即使再艰深的学问也不能与当下完全隔绝,即使再偏安于书斋也不能不关注此刻和周遭,这同样可成为我们衡量社科研究是否重要和值得的标尺。

　　论文在择定主题后如何展开，又考验每个作者的前期积累和学术品位。日本小说家村上春树说，你必须让足够多的故事穿过你的身体，才能写出自己的故事，学术写作也是如此。相比文学和音乐，学术写作可能最不依赖灵光一现，所谓灵感可能也只会偶尔闪烁于语词表述和段落衔接，但文章逻辑是否严谨、论证是否有力、架构是否完整、是否有足够紧实的知识密度和足够充足的信息容量，都源于作者此前的学术积累。这绝非一朝一夕就可以完成。但真正有价值的事往往就得通过效率很低的方式获得，就像书法始于大量描红，弹琴时手指要跑动得快就得靠每天无数遍的慢练，即使是少林寺的和尚也得老老实实先扎几年的马步。而学生交来初稿时，最终质量如何，老师往往已能大致判断，因为材质和机理已"固定"在那里，修改会有量的变化，却无法带来质的提升。所以一旦进入研究生阶段，就应该将自己视作研究人员，就应强化自己的学术训练，这也应该成为硕士生和博士生的学术自觉。

　　立斌老师的书里还用专章讲到写作的逻辑，这也体现了作为老师的我，在批阅了那么多年的学生论文后才有的最大的感触：学术写作最终考验的还有逻辑。康德说，逻辑可以确保最低限度的理性，但我们恰恰在长期的法学教育中忽视了逻辑训练，很多时候法学都被我们教成了或是学成了文学。这是我从上大学时起就有的感觉，随着我成为一名法学教员，情况似有好转但也没彻底改观。同学们经常会选择华丽的辞藻，炫耀艰涩的概念，却不大注意文章逐渐推进的每一步是否符合逻辑，上一段和下一段之间是否有清晰的起承转合,上一句和下一句之间是否保持了足够的黏性。

但逻辑能力并非什么天赋,而是可以后天训练和习得的。而最好的训练方法,一是阅读他人的经典文献,揣摩作者的逻辑;二是反复修改自己的论文表述,提升文章的逻辑水平。在论文写作课上,我通常都会带学生进行经典导读,但导读的重点并不在内容和观点,而是作者基于何种考虑展开此项研究,他又如何从这一步思考迈向下一步,如何填满每个部分的思考缝隙,最后完成了一个逻辑融贯的"故事"讲述。为配合这个过程我也会讲一段自己的经历:记得有一年去纽伦堡访学几个月,每周三晚纽伦堡市立博物馆都会向公众免费开放,我也会在那时去看挂在大厅里的伦勃朗自画像。因为观摩的次数实在太多,那幅画最后竟然内化到我的心里,变成我的个人组成。这其实与反复阅读和揣摩别人的经典文章同理,唯有内化才能带来自我提升。

再说到文章修改。我身边的确有朋友写作神速,甚至倚马可待,而且基本一气呵成,完全不需要修改。我经常赞赏他们跟李白一样。但李白只是写诗,如果他写的文学体裁是长篇小说,我敢担保他不可能不经过修改。长时间线和高密度的学术写作与长篇小说类似,即使不追求"千里埋线"的惊艳效果,而只是确保事事有交代,人人有归途,也需要将文章反复打磨。契诃夫说,"故事里出现了一把枪,那它就一定要发射",也是这个道理。所以,投入愿意投入的全部时间,倾注能拥有的全部能量,这种"想要把文章修改得更好"的决心,既是提升逻辑能力的最好方法,也是对写作品质的基本确保。据说乐圣贝多芬最喜欢反复修改乐谱,在德国波恩展出的乐圣手稿甚至被涂改得像中医药方一样杂乱难辨。但反复修改却使乐圣的音乐保持了最高的逻辑性:首先是矛盾在相互对立、调性不同的呈示部展开;接下来是主题在展开部破碎和变形,矛盾也由此加剧;最后则是主题统一、调性一致,矛盾也最终在再现部得以消解。要让流动的音乐做到如此的逻辑严密并不容易,但乐圣就是有不断修改以最终抵达完美的勇气和决心。

  无论是写论文、写小说还是写散文,写作最终都是自身的映照。村上春树还曾在一本书里谈到一个有趣的"炸牡蛎理论","如果你没有办法说明自己,那就针对炸牡蛎写写看如何?借着写炸牡蛎,就会自动表现出你和炸牡蛎之间的相互关系和距离感。那追根究底,也就是在写你自己"。这个理论事实上想说的是,人得以确立自我,并作为一种区别于他人的独立"存在",是通过某种媒介来获得和表现的。对于你我而言,可能这种媒介就是写作。通过思考、书写和表达,我们同样获得了一种独立的存在感,尽管并不完整,也有局限,但作品的确在部分程度上映衬出我们本身。所以珍视写作,其实也就是珍视作品中包含的"我作为我,而非他人"的存在。

  最后,祝贺立斌老师新书付梓,希望这本书能让大家学会写作、爱上写作,也祝福每个翻阅本书的读者阅读愉快、写作愉快!

前　言

学术论文写作,是在本专业领域内就某一个专门问题展开研究,并以书面形式呈现研究过程和结果的活动。在大学教育中,论文写作是课程学习之外的一个重要的人才培养环节。一定程度上,论文写作远远难于课程学习。学习一门课程时,无论内容有多难,投入足够的时间之后,通常都可以熟练掌握相关知识,顺利通过考试。如果温习相关知识达到滚瓜烂熟、倒背如流,并能熟练运用的程度,通常可以取得好成绩。然而,写作论文虽然也要求掌握相关知识,但重点在于自己独立思考,去创造新知识,这具有很大的挑战性。尽管如此,大学教育中却往往默认如何写论文是不言而喻的,一般不系统讲授。对于如何选题、如何构思、采取何种格式等问题,学生往往一头雾水,只能自己上网一个个搜,硬着头皮写,经过长时间探索之后仍然有可能无所适从,陷于"狗咬刺猬——无从下嘴"的困境。如果上下求索的努力久久没有取得突破,写作者甚至会有"上天无路、入地无门""叫天天不应、叫地地不灵"的无力感,内心备受煎熬。根据一个无从考证也无须考证的传说,有一家监狱出来的刑满释放人员的重新犯罪率远远低于其他监狱。调查之后得知,原来这家监狱让犯人学习写论文,令其苦不堪言。为了不回去写论文,出狱者均遵纪守法。这个故事形象地揭示了人们对论文写作的恐惧心理。对此,很多写作者都曾经或者正在感同身受。

笔者基于自己在论文写作中的酸甜苦辣,结合多年在指导研究生写作论文的过程中了解到的情况,认识到写作学术论文需要克服论文写作方法和时间管理这两个方面的诸多障碍。与此相应,本书上卷讨论论文写作方法,按照纵向顺序,逐步探讨应当如何展开论文写作的各个环节,以及当不可避免地陷入一些误区时应当采取何种措施进行应对。下卷关注时间管理问题,探讨如何赢得时间、调整状态、安排日程、克服拖延,以顺利完成论文写作任务。

通过这本书,笔者希望和三个群体进行交流,并得到他们的批评。

一是学术论文写作者。无论是对本科生、研究生,还是对学者而言,论文写作都可以大致分为选题、阅读文献、构思、写作初稿、修改等步骤,在各个阶段遇到的问题具有共性。笔者基于自己的体会和对所指导的研究生的观察,对此展开了一些探讨,提出了一些粗浅建议,就教于方家。

二是所有写作者。无论是从事学术写作还是其他类型的写作,我们都在挑战自己。威廉·福克纳说:"(写作)是人类已经发现的职业中最令人满意的,因为你永远无法做得像你希望的那么好,因此,明天醒来之后总是有事可做。"[1]海明威认为,真正的作

---

[1] It's the most satisfying occupation man has discovered yet, because you never can quite do it as well as you want to, so there's always something to wake up tomorrow morning to do.

家,就应当努力达到自己和他人未曾达到的高度。① 在努力做得更好的过程中,所有写作者可以相互启发,笔者也希望能够向非学术写作者学习。

三是所有感觉时间不够用的人。本书下卷围绕时间管理方法,探讨如何赢得时间、调整状态、设定日程、克服拖延。虽然下卷围绕论文写作展开,但无论我们追求什么理想和目标,都要处理好这些问题。因此,相关内容本质上适用于所有希望在有限时间完成更多任务的、在工作和生活中更加游刃有余的人。

---

① For a true writer each book should be a new beginning where he tries again for something that is beyond attainment. He should always try for something that has never been done or that others have tried and failed. Then sometimes, with great luck, he will succeed.

目 录

上卷 论文写作方法

第一章 选 题 ………………………………… 005
一、选题来源 ……………………………… 005
（一）应用研究选题 ……………………… 005
（二）理论研究选题 ……………………… 006
（三）自选 or 指定 ………………………… 007
二、选题大小 ……………………………… 007
三、问题意识 ……………………………… 009
四、原创性 ………………………………… 010
（一）开创型研究 ………………………… 010
（二）推进型研究 ………………………… 011

第二章 文 献 ………………………………… 014
一、文献收集 ……………………………… 014
二、文献阅读 ……………………………… 016
（一）泛读与精读相结合 ………………… 016

（二）做文献笔记 ………………………………… 016
　　（三）延伸思考 …………………………………… 018
　　（四）控制阅读时间 ……………………………… 020

第三章 构　思 ………………………………………… 021
　一、构思误区 ……………………………………………… 021
　　（一）教科书结构 ………………………………… 021
　　（二）工作对策研究 ……………………………… 023
　　（三）逻辑混乱 …………………………………… 023
　　（四）堆砌资料 …………………………………… 025
　二、调整选题 ……………………………………………… 026
　　（一）放弃选题 …………………………………… 027
　　（二）限缩选题 …………………………………… 028
　　（三）扩大选题 …………………………………… 028
　三、确立思路 ……………………………………………… 029
　　（一）层层分解论题 ……………………………… 029
　　（二）设置各级标题 ……………………………… 036
　　（三）确定推理方法 ……………………………… 038

第四章 初　稿 ………………………………………… 044
　一、初稿写作的时机 ……………………………………… 044
　　（一）等待思考成熟？ …………………………… 044
　　（二）等待灵感和冲动？ ………………………… 046
　二、初稿写作的核心工作 ………………………………… 048
　三、如何流畅地写出初稿 ………………………………… 049
　　（一）意识流写作 ………………………………… 051

(二) 我手写我口 ············· 052

(三) 合理界定读者 ············· 053

(四) 跳过难点和细节 ············· 054

第五章 修 改 ············· 056

一、概述 ············· 056

(一) 时机 ············· 056

(二) 顺序 ············· 057

(三) 次数 ············· 058

二、框架 ············· 059

三、内容 ············· 060

(一) 逻辑 ············· 060

(二) 细节 ············· 062

四、语言 ············· 062

(一) 通顺 ············· 062

(二) 文采 ············· 063

五、格式与脚注 ············· 064

第六章 调 控 ············· 065

一、分配时间 ············· 065

二、记录进度 ············· 067

(一) 记录的功能 ············· 067

(二) 记录的方法 ············· 069

三、写作工具 ············· 070

四、保存文档 ············· 070

下卷 **时间管理方法**

第七章　赢得时间 ……………………………………………… 076
一、困惑 ………………………………………………………… 076
二、记录 ………………………………………………………… 077
（一）对象 …………………………………………………… 077
（二）方法 …………………………………………………… 078
（三）分析 …………………………………………………… 079
三、对策 ………………………………………………………… 079
（一）提前计划 ……………………………………………… 079
（二）善于拒绝 ……………………………………………… 080
（三）委托他人 ……………………………………………… 081
（四）提高效率 ……………………………………………… 082

第八章　调整状态 ……………………………………………… 091
一、身体管理 …………………………………………………… 091
（一）均衡饮食 ……………………………………………… 091
（二）科学锻炼 ……………………………………………… 092
（三）规律作息 ……………………………………………… 094
二、情绪管理 …………………………………………………… 095
（一）追求积极情绪 ………………………………………… 095
（二）应对消极情绪 ………………………………………… 103
三、专注力管理 ………………………………………………… 107
（一）屏蔽干扰 ……………………………………………… 107
（二）采用番茄工作法 ……………………………………… 113

（三）进行自我激励 ·················· 118

第九章　安排日程 ·················· 119

　一、日常事项的分类 ·················· 119

　　　（一）无须理会的事项 ·················· 120

　　　（二）需要立即处理的事项 ·················· 120

　　　（三）留待事后处理的事项 ·················· 121

　二、日程安排原则 ·················· 124

　　　（一）珍惜黄金时间 ·················· 125

　　　（二）安排默认日程 ·················· 128

　　　（三）做好匹配 ·················· 131

　　　（四）相互调剂 ·················· 137

　　　（五）留有余地 ·················· 139

　　　（六）限定时间 ·················· 139

　　　（七）时间单位 ·················· 140

　　　（八）一时一事 ·················· 141

　三、日程形式 ·················· 142

　　　（一）便利贴提醒 ·················· 142

　　　（二）当天事项清单 ·················· 143

　　　（三）中长期计划 ·················· 143

　　　（四）一周日程 ·················· 144

第十章　克服拖延 ·················· 147

　一、拖延 ·················· 147

　　　（一）概念 ·················· 147

　　　（二）心理 ·················· 150

（三）危害 …………………………………… 153
　二、原因 ……………………………………… 153
　　（一）信心不足 ……………………………… 153
　　（二）"还有时间" …………………………… 155
　　（三）完美主义 ……………………………… 156
　　（四）优柔寡断 ……………………………… 157
　三、对策 ……………………………………… 158
　　（一）调整认知 ……………………………… 158
　　（二）固定时间 ……………………………… 161
　　（三）细化任务 ……………………………… 162
　　（四）截止日期 ……………………………… 165
　　（五）共同命运 ……………………………… 166
　　（六）与子偕行 ……………………………… 168

附　录　谢门"求生"指南 ……………………… 171
　壹、共同价值 ………………………………… 171
　贰、身心健康 ………………………………… 174
　叁、时间管理 ………………………………… 176
　肆、学习要求 ………………………………… 182
　伍、写作训练 ………………………………… 185
　陆、回顾展望 ………………………………… 198
　柒、师门关系 ………………………………… 199

后　记 …………………………………………… 203

上卷

论文写作方法

论文写作全过程可以分为五个阶段。一是选题。在众多有待研究的问题中,我们要先作出选择。确定了选题,我们还不能直接动笔写。和在中小学时写作文不同,研究生阶段的论文写作实际上是一个研究过程。因此,进行相应的研究是论文写作的基础。确定了选题,就要开始展开研究。二是收集和阅读文献。对一个选题进行研究的一个重要方式,就是阅读相关的文献并进行思考。因此,选题之后就应当收集并阅读文献。三是构思。研究就是努力去获得新的知识,它是一种创造新知识的活动。因此,在思考之后,应当构思论文,其实也就是进行论证的过程。四是写作初稿。构思之后,就开始进行初稿的写作。五是修改。完成初稿之后,再对其进行修改,完成修改,则论文也就定稿了,整个论文写作过程结束。上卷第一章至第五章围绕这五个阶段的工作展开,第六章则探讨贯穿论文写作整个过程的一些问题。

需要注意的是,这五个阶段并非完全泾渭分明,而是一定程度上存在重合、交叉,在任何一个阶段,我们都可能从事在其他阶段也会进行的工作。其一,在从事在先阶段的工作时,我们往往也会处理属于在后阶段的相关问题。例如,在选题阶段,也应该初步收集和阅读相关文献,这就与确定论文选题之后的文献收集和阅读没有本质区别;初步确定了一个选题之后,也应当进行初步构思,并将构思的成果用于收集文献;在阅读文献时,通常也应当结合文献进行构思。其二,在从事在后阶段的工作时,也可以回到之前阶段的工作。尤其是在后续的工作中遇到难点之后,往往就需要回到之前阶段的工作。例如,在收集文献的过程中,如果难以收集某一领域的文献,则可能需要重新选题;在文献阅读过程中如果发现原有选题不具有可行性,或者发现更有意思的选题,则应当重新选题;在进行构思时,有时候也需要对原来的选题作出调整;初稿写作如果遇到困难,也可以调整思路;而修改初稿在很大程度上又回到选题、构思、初稿写作阶段。由此可见,论文写作的各个阶段有各自的重点,但不排除处理逻辑上属于其他阶段的工作。

第一章 选 题

选题是否成功在很大程度上决定了论文写作能否顺利进行,甚至决定了论文的成败,因此,我们应当认真对待选题。

一、选题来源

学术研究大致可以分为应用研究和理论研究,这两类研究的选题遵循不同思路。

(一)应用研究选题

实践中出现一些新现象、新问题之后,我们可以立足本学科进行探讨,通过这一方法找到相应的选题。就法学论文而言,司法实践和生活经历中都可能出现一些值得进行学术研究的问题。

司法实践中经常出现一些意料之外的疑难问题,我们可以对其展开探讨,为实务提供参考。在宪法领域,洛阳种子案与齐玉苓案都提出了法官应当如何对待下位法和上位法的冲突、在没有相关法律规定的情况下是否可以适用宪法规范的问题。在刑法领域,许霆案提出了一个出人意料的问题:许霆用自己的银行卡取款,因为取款机故障,导致其取出了超过其账户余额的现金,这一行为构成何种犯罪?在山东"辱母杀人案"中,对山东女企业家之子刺死涉黑逼债人员的行为是否构成正当防卫,也值得展开探讨。这些社会现实都为法学论文写作的选题提供了切入点。

社会生活中的一些新现象和新做法也可能提出一些值得进一步研究的问题。例如,随着人脸识别技术的成熟,越来越多的场所要求刷脸进出。这就涉及一系列法律问题:哪个主体有权作出这一规定？这样的规定,应当由法律、行政法规、地方性法规、部门规章、地方政府规章作出,还是由其他规范性文件来作出？这些规定限制了公民哪些公法权利和私法权利。又如,人们往往都有被人民警察查身份证的经历,那么,探讨人民警察在不同场景之中查身份证的行为是否合法,就是有意义的选题。笔者曾经在下班后步行去地铁站的路上被查身份证,并就这一经历设计了宪法考试题。理论上,我们也可以通过撰写学术论文来研究人民警察检查身份证的行为,研究其在什么情况下合法。

我们可以从中外比较的视角出发,考察外国出现了什么新问题,之后按图索骥,考察我国是否存在,或者未来是否可能出现这个问题,然后在我国语境下进行探讨。"太阳底下无新事",在国外已经出现的问题,在我国也有可能出现,我们可以提前展开研究。通常而言,与人相关的问题具有普适性。就法学而言,如何保障同性恋者、变性者的权利等问题在国外已经受到较多关注,我们可以未雨绸缪,对此展开研究。

(二)理论研究选题

与应用研究不同,理论研究致力于发展和完善现有理论。通常而言,理论研究就相关基础理论、范畴、概念展开研究,需要对本学科的知识体系有宏观把握,具有较高学术品位。就法学而言,由于我国的法学理论在很大程度上来自西方法学,有一类理论性选题是对一个移植自外国法学的理论和概念进行正本清源,考察其在本国语境下的含义,或考察移植过程中其是否发生了改变和失真,以及造成了何种影响。

(三) 自选 or 指定

对于研究生而言,选题存在两种可能性,一是自主选题,二是导师指定。在理想情况下,应当自主选题。学生应当基于对本专业的广泛阅读,深入思考,探索还存在什么问题,确定自己对哪些问题感兴趣,圈定初步的选题意向,并在这个基础上与导师进行沟通。导师主要对选题的可行性进行分析。通常来说,学生自主选题处于完全不可行与完全可行这两个极端之间。导师应当进行一定的引导,根据学生的素质和专长,对学生的初步选题进行完善,尽量使其具有可行性。根据学生自主选题的可行性高低,导师的参与程度不同。可行性越高,则导师对选题进行的完善就越少,选题就越接近完全的学生自主选题;反之亦然。学生应当努力提出可行性高的初步选题,这样也能够使得自己对最终选题具有更高的认同感。

二、选题大小

一个选题越宏观,则题目越大;越微观,则题目越小。与此相应,我们可以把论文选题分为大题、中题、小题。例如,按照选题由大到小的顺序,我们可以在以下七个层面进行选题:宪法、基本权利、自由权、宪法财产权、宪法财产权的限制、财产权限制措施的合宪性、疫情防控中财产权限制措施的合宪性。选题不宜太大或者太小。如果选题太大,则要处理的研究对象过多,最终会导致研究流于表面,空洞无物。笔者见过的最大的选题,是《西方选举制度研究》,这篇论文最终未能通过答辩。如果选题太小,会导致两方面的困难。其一,题目过小,往往可供参考的已有研究与相关资料极其匮乏,使得研究者"巧妇难为无米之炊",难以下手。其二,更为关键的是,一个非常微观的题目,可能学界中感兴趣者寥寥,未来的受关注度就比较低。我们写作学术论文的目的是参与学术共同体之内的交流。研究一个很小的话题,极有可能陷入无人对谈的窘境。此外,选题过小,往往只涉及一些鲜为人知的细枝末节,其理论和实践意义比较有限。

由此可见,选题不宜太大或太小。在判断一个选题的大小是否适当时,有一个标准是所处时代的需求。通常而言,法治建设的时间越长,法学研究就越深入、细致,具有对越来越小的问题进行研究的趋势。这从一国的法学学术史上也能看出来。不同时期研究的问题都不同,越是晚近的问题越是细小。因此,在确定题目大小的时候,要看到不同历史阶段的差异,要从历史的纵深感中去把握什么问题于当前是重要的。例如,陈兴良教授在1988年提交的博士论文题为《共同犯罪论》,而共同犯罪往往是刑法教科书中的一章,在当时的历史背景之下这一选题无疑是适当的。现在的刑法学博士论文选题,则无疑应当更小。目前通常是教科书中的四级标题或五级标题,甚至是教科书中没有提及的内容。

需要注意的是,初步确定论文的选题之后,不排除在后续写作过程中进行调整,甚至在一些情况下必须进行调整。例如,在收集文献阶段,有可能发现某一方面几乎不存在相关文献,"巧妇难为无米之炊",只好放弃这一部分;也有可能在某一点上的文献非常充分,对此予以展开就足以完成一篇论文;此外,也有可能在写作中发现原来的选题在逻辑上并不完整,如只覆盖了一个问题的三个方面中的两个方面,因此需要适当扩展,将剩下的一个方面纳入。

三、问题意识

初学者写作论文的一个常见误区是没有问题意识,这通常体现为写出来的论文像教科书。为了正确理解问题意识,可以从对论文和教科书的比较入手。顾名思义,教科书是课堂教学用书,其功能是体系化地呈现某一学科内得到学界公认的知识。教科书只呈现已有知识,至于相关理论观点的理由是什么,则因为篇幅所限,通常并不展开阐述。与此不同,在写作论文时,我们就像警察侦查案件一样,对一个还没有答案的疑问展开探索,从不同角度进行分析,最后得出一个结论,作为疑问的答案,而这个结论,是之前并不存在的,构成了新知识。一言以蔽之,教科书系统地呈现已有知识,论文则针对一个疑问创造新知识。

基于教科书和论文之间的这一区别,我们可以对"主题"和"问题"作出合理区分。主题是一个研究方向和研究领域,教科书上的各级标题,大多成了不同范围大小的主题。论文的写作,当然是在一个主题之下进行的。如果系统地介绍这个主题之下的知识,则所写成的内容就构成教科书的相应篇幅。相反,如果在这个主题之下,对一些尚没有确定答案的问题展开研究,或者对已有的理论、观点进行质疑,则所写成的内容就构成论文。通常来说,问题就蕴藏在主题中。若平时能够持续关注某个领域,那么就能发现这一领域内有待进一步讨论的问题。这些问题通常是非常适当的论文选题。

总而言之,教科书的目的在于系统地呈现知识,省略论证过程;论文的功能在于对一个尚无定论的问题展开探讨,寻找答案,创造新知识。教科书解决"然""是什么"(what)的问题,论文回答"所以然""为什么是"(why)的问题。掌握了这两者之间的区别,论文写作就能够避免掉入缺乏问题意识的窠臼。

四、原创性

论文写作致力于寻找一个疑问的答案,或者为一个疑问提供更好的答案,为扩大人类知识宝库作出贡献,这就决定了论文必须有原创性,而不得仅仅重复他人已有研究。这就意味着,在选题时就要判断拟进行的研究是否具有原创性。从这个角度来看,原创性是检验一个选题是否成立的一个重要标准。在这一点上,根据有关研究属于开创型研究或推进型研究,可以采用不同思路保障研究具有原创性。

(一)开创型研究

进行开创型研究时,我们针对一个迄今为止尚未受到学界关注的新问题展开探索,所进行的研究自然具有原创性。就此而言,关键在于如何保障选题是一个新问题,对此应当区分应用研究和理论研究。就应用研究而言,由于有关选题本身就是来自实践中的新问题,所进行的研究自然地具有原创性。相比之下,让理论研究具有原创性具有较大难度。在这方面,又可以从学科内部、不同学科的交叉地带入手。在一个学科内部,可能有些问题尚未被深入研究,还可能存在一些新问题。例如,在德国宪法中,对基本权利的保障在很大程度上依赖德国联邦宪法法院所进行的宪法诉愿。然而,德国宪法中也存在一些例外的机制。例如,根据《德国基本法》第 10 条,国家安全机关可以为了维护自由民主基本秩序而对公民通信秘密作出限制,此时由议会设立的机构对公权力限制通信秘密的行为进行监督,而不是通过司法诉讼来监督。相较于宪法诉愿程序,这种基本权利保护机制所受到的关注就比较少。当然,在学科内部,一个问题至今没有受到充分关注的原因可能是其只构成一个很小的、不重要的选题。因此,在学科内部寻找新问题的时候,也要判断一个新问题是否太小,没有深入研究的价值。除了在学科内部寻找选题,也可以通过跨学科的视角来寻找理论研究的新问题。由于当前学科分类趋向精细化,一些问题处于学科之间的交集地带,跳出一个具体的学科,从更为宏观的视角进行考察,往往能够找到新颖的理论研究选题。

(二)推进型研究

与开创型研究不同,我们也可以致力于推进关于一个老问题的已有研究。在这种情况下,可以通过运用新方法、新资料来保障研究的原创性。

运用本学科不常用的方法进行研究,往往能够使研究具有新意。在这方面,进行跨学科研究,即采用另外一个学科的方法和思维,往往是一种颇有成效的做法。以笔者较为熟悉的宪法学为例,宪法学研究可以采用国际法、破产法等其他学科的方法。在国际人权法上,由成员国向有关国际组织提交本国人权保护状况的报告是人权保障的一个重要途径。受此启发,宪法学上也可以探讨在传统的基本权利保障路径之外,是否可以借鉴国际人权法上的相关做法来保障基本权利。破产法也可以为宪法学研究带来一定的启示。例如,在某种意义上,两德统一类似民主德国"破产",这就提出了如何保障民主德国各个阶层的权利的问题。在两德统一之后,曾经的迫害者往往继续享有优越的经济和政治待遇,而曾经的被迫害者却往往成为边缘群体。电影《窃听风暴》中就提出了这个问题:精明能干的窃听人员本来在民主德国的体制之内大有前途,后来听从自己的良知,违背上级的指令,作出正义之举,失去当局的信任,被解除职位,在两德统一之后挨家挨户送报纸;而原来的迫害者,则可以领取优渥的退休金安享晚年,或者摇身一变成立新政党而继续呼风唤雨。针对这一现象,有德国学者主张应当按照破产法的思维,把民主德国的不同阶层视为优先程度不同的债权人,其中一些阶层(如为了争取自由民主而被迫害者)应当得到优待,而原体制中的加害者则不应当得到较好保障。

使用前人没有使用过的新资料,也是保障研究的原创性的一种方法。拙文《论法院对基本权利的保护》[①]在选题上没有太大新意,但首次使用了较多外国法上的资料,具有一定的创新性。这篇论文讨论了在法律对基本权利保护作出了具体规定、作出了抽象规定,和没有作出规定的情况下,法院应当如何保护基本权利的问题。其中,在法律作出了抽象规定的情况下,通常认为法院应当对抽象规定作出合宪解释,德国法上的相关判例已经在很大

---

① 参见谢立斌:《论法院对基本权利的保护》,载《法学家》2012年第2期。

程度上成为中国学界中的常识。然而,在法律没有作出任何规定的情况下,对于法院是否可以直接援引宪法规范作出裁判,国内的讨论方兴未艾。对于这个问题,笔者找到了德国的一个行政诉讼判例。其中,行政法院直接援引宪法条文作出判决。这一判例对推进我国对这个问题的讨论很有启发。该文使用了这个判例,从而具有较高的原创性。

第二章 文　献

在撰写人生中的第一篇学术论文之前,我们通常只从事过无需任何参考文献的非学术写作,如中小学作文写作。与写作文不同,我们通过写作论文来参与学术对话。一群人聊天时,我们作为后来者要加入,通常也会先听一听聊天的内容,在自己有话可说的时候看准时机加入。参与学术对话也是如此,我们应当先了解学者们就有关问题发表过什么观点,并使我们的论文成为学术对话的一部分。基于这些原因,在确定论文选题之后,无法也不应该直接开始写作,而是应当收集和阅读相关文献,获取相关问题的知识,了解迄今为止的学术讨论,并发展自己的思想,从而使自己有话可说,能够有效参与学术交流。如果不阅读已有文献就开始论文写作,直接闭门造车,则会犯下《论语》中"思而不学则殆"的错误,无法有效参与学术交流。

一、文献收集

确定选题之后,我们有一个粗略的大纲,对论文应该包括几个部分有一个初步设想。在此基础上,我们开展文献收集工作。利用图书馆的相关检索系统,我们可以找到图书、论文等文献。通过图书和论文中的引注,可以找到进一步的文献。我们通过借阅、下载等方式,来汇总论文写作所需要的纸质和电子文献。通常而言,文献收集工作在技术上没有太大的难度。

文献收集工作应当注意如下几点。一是收集文献不应完全拘泥于选题和初步思路。通常情况下,所收集到的文献不太可能与自己的大纲完全匹配。收集文献就像去山上摘野果,究竟能摘到什么果实,具有很大的不确定性。因此,完全有可能在某个方面找不到什么文献,同时又发现一些无法被纳入原有思路的高价值文献。如果找不到关于一些问题的文献,我们只能接受;如果看到了一些很有意义的、超出原定大纲的文献,则应当保持开放心态,兼收并蓄。至于如何使用意料之外的文献,则留待构思阶段再做决定。二是应当尽可能穷尽所有学术文献,特别是最近的文献。这个做法有两层意义:①使得自己占有翔实的文献资料,站在前人研究的基础之上,较有可能做出有价值的研究;②使自己了解所有相关研究,避免在不自知的情况下提出他人已经提出的观点,导致自己的学术研究失去原创性。三是尽量找到一手文献。已有文献引用的文献如果具有相关性,则应当按图索骥,找到这一文献,而不得满足于转引这一文献,否则容易以讹传讹,这是科研作风不严谨的体现。四是有所取、有所不取。原则上,对于非学术文献的使用,应当尽可能予以限制。例如,应当尽量避免使用只有网络出处的内容;五是当文献较多时,应当进行筛选,甄别出较为权威的文献。就中文论文而言,我们可以限于在 CSSCI 收录期刊中检索论文。对于外文文献,应当根据有关对象国的判断标准,对文献进行甄别,使用学界公认的权威文献。

二、文献阅读

收集文献之后应当进行阅读,在文献阅读阶段应当注意如下几个方面。

(一)泛读与精读相结合

按照从泛读到精读的顺序,文献阅读可以被细分为几个层次:一是只读书名、文章名;二是继续读内容简介;三是继续阅读著作的前言、结论,论文的开头、结尾;四是阅读正文中与自己研究相关的部分;五是全文阅读。泛读和精读各有利弊。泛读节约时间,精读则有利于全面、准确地掌握文献的内容。一个文献越重要,则应读得越细。在此过程中也要注意,泛读和精读并非两个极端,而是具有前述五种情况。对于任何一个文献,应当尽可能在最恰当的层次进行阅读。初学者的一个常见错误是一概精读所有文献,导致阅读进展缓慢,这又导致因为担心读不完而干脆不开始阅读。比较可取的做法是颠倒过来,默认泛读所有文献,并在泛读时筛选出需要精读的文献或者文献的相关部分。虽然对此有明确的认识,但笔者仍然时不时陷入这个误区。这或许表明一律精读是一个难以改正的错误,需要严加防范。

(二)做文献笔记

阅读文献时如果不做笔记,则相关内容储存在短期记忆中,未形成长期记忆。随着时间的流逝,我们会逐渐遗忘文献内容。如果文献较多,则我们读了后面的文献,就遗忘了之前读的文献。在构思的时候,我们需要考虑所有文献,在遗忘了部分文献的时候，构思往往无法顺利进行。此外，在后续写作过程中，往往需要对特定问题展开进一步思考，或者对一些细节问题进行核实，或者对一些观点进行引用，为此都需要回顾相关文献。如果没有及时做笔记，则在论文写作中难以回忆自己阅读过的文献的内容，甚至难以再找到出处。即便找到了出处，如果首次阅读时没有做笔记，则因为第一次阅读之后的短期记忆已经消退，只好重新花时间阅读，导致时间浪费。

有鉴于此，阅读文献时应当记笔记，"不动笔墨不读书"。我们要记下文献出处，并用自己的语言概括与自己的研究密切相关的内容。做文献笔记有两种方式：一是边读边记，如每读一段就记录大意，在阅读和记录之间频繁切换；二是进行相对长时间的阅读（如读完一章或者一篇论文）之后进行记录。如采取第二种做法，则阅读过程比较流畅，在做笔记的时候能够将整篇文献的内容纳入思考，也会更自然地用自己的语言进行表述。笔者推崇第二种做法。

记笔记可以用电子方式，也可以用纸笔进行。电子方式通常速度较快，可以记得较为详细，但其危险在于不求甚解地直接摘录过多内容。相比之下，用纸笔做笔记，因为受到手写速度的限制，我们通常会认真思考文献内容，用自己的语言进行必要概括，这更有利于掌握文献内容。如果以手写方式记笔记，需要在装订本和活页之间进行选择。装订本的好处是方便保存，但与论文中特定部分相关的笔记可能散落在笔记本的不同页面，不方便汇总。与此不同，如果使用活页，则可以方便地把与论文特定部分相关的所有活页笔记汇总。在需要时，就像警匪片中警方往往会把案件的相关情况放在一面大墙上进行分析一样,我们可以把与一个具体问题相关的笔记页面铺开,让目光在上面流转,探索它们之间的相互联系,这对于发展自己的想法有很大帮助。

(三) 延伸思考

培根说:"我们不应该像蚂蚁,单只收集;也不可像蜘蛛,只从自己肚里抽出丝;而应像蜜蜂,既采集、又整理,这样才能酿出香甜的蜂蜜来。"初学者容易犯下蚂蚁和蜘蛛的错误。如果做文献笔记只是对文献进行归纳、总结和复述,而并不进行批判,在写作论文时对来自不同出处的内容进行排列组合,在此基础上完成论文,那么,这样完成的论文必然重复他人的观点,只是像蚂蚁搬运食物一样对知识进行了搬运。如果在没有标记的情况下照搬他人表述,还构成剽窃,严重违反学术规范。如果不参考已有文献就开始写论文,则这种不参考、不尊重学界已有研究的做法最终只是把自己的粗浅想法写下来,这就犯了与蜘蛛一样闭门造车的错误。写作论文的目的并非重复已有知识,而是要创造新知识。这就决定了我们既不应当满足于理解文献获得已有知识,也不应当闭门造车,而是应当像蜜蜂一样,在学界已有文献的基础上进行延伸思考,发展出新的想法,并主要基于自己的想法来完成论文写作。正是在这种意义上,任何研究者都是站在前人的肩膀上继续推进已有研究,学术研究是一个薪火相传的事业。

那么,如何结合文献阅读,来发展自己的想法呢?我们要立足创造新知识的宗旨来对待已有文献,进行思考。第三章将阐述,我们通常按照演绎逻辑或者归纳逻辑进行论证,从论据(已有知识)得出论点(新知识)。那么,我们就可以重点思考已有文献对我们进行论证有何帮助。有可能文献中介绍了一些案例,我们或许可以将这些案例作为论据,用于我们自己的论证,得出相应的结论。在笔者的一些论文中,就引用了德国和美国的一些宪法案例,用于自己的论证,得出了一些结论。或许,我们接受他人得出的观点,我们将其作为论证中的论据。总之,我们要立足自身进行的论证,看在所收集到的文献中,是否有能够用作论据的内容。我们由此得出一些想法之后,要将其诉诸笔端,形成文字。在理想的情况下,如果积累了足够多的想法并将其形成了文字,那么,将自己的想法以符合逻辑的方式组合起来,得出自己的结论,一篇论文就具备雏形了。[1]

一个相关问题是,我们是应该在读完所有相关文献后再来尝试发展自己的想法,还是在阅读每一篇文献之后都进行这一尝试。初学者往往以为,需要在阅读了足够数量的文献之后,才能进行思考,发展出自己的想法。然而,这样做也存在一定的问题。我们永远不可能穷尽所有文献,所以,想着要阅读了足够多的文献再来思考,则往往意味着不思考。而在读了很多纷繁复杂的文献之后,也有可能更抓不住重点,一团混乱。因此,我们主张每阅读一篇具体的文献之后,都要尝试进行思考,得出自己的想法,并形成文字。当然,随着文献阅读的深入,思考会更加成熟,我们可

---

[1] 德国社会学家卢曼在进行学术研究时,就大致采取了这一做法。他在阅读的时候,做三种笔记。一是关于所阅读文献的笔记;二是闪念笔记,用来记录自己的一些零星的想法和灵感;三是永久笔记,即根据文献、自己的灵感所写成的、未来可以用于自己的著作中的文字。一旦基于闪念笔记写了永久笔记,就不再保留闪念笔记。卢曼的创作,在很大程度上就是对自己的相关永久笔记进行排列组合,形成新的作品。参见〔德〕申克·阿伦斯:《卡片笔记写作法:如何实现从阅读到写作》,陈琳译,人民邮电出版社2021年版。

以对之前成文的想法进行完善。

(四)控制阅读时间

初学者的一个常见误区,是在文献阅读方面花费大量时间,而不及时进入下一阶段,从而导致论文的完成遥遥无期。正确的做法是根据完成论文的期限,设置一个文献阅读的截止时间。通常而言,选题和文献阅读阶段所用的时间原则上不应超过全部论文写作时间的 1/3,之后就应当开始下一阶段的构思工作。构思之后如果看到新的相关文献,可以再继续阅读,调整思路,但不应当花太多时间阅读文献。实际上,阅读完所有相关文献之后再开始构思和写作初稿的做法是不现实的,这往往只是逃避下一阶段工作的借口。

第三章 构 思

我们在阅读文献时应当概括、摘录文献的相关内容,并通过对文献进行引申、发挥而发展出自己的想法,这就形成了两类读书笔记,下一步应当在此基础上进行论文构思。构思阶段的任务,是探讨如何灵活运用在阅读文献过程中所获得的材料进行论证,得出论点。下文先指出四个应当避免的误区,之后再探讨如何调整选题、确立思路。

一、构思误区

"幸福的家庭都是相似的,不幸的家庭各有各的不幸。"就论文构思而言,情况倒是相反,即初学者所犯的错误没有太多新意,主要是以下四种情况。

(一) 教科书结构

很多论文采取与教科书类似的结构,看似面面俱到,四平八稳,实际上只是对已有知识进行了有体系的排列组合,这就像收藏家把仓库中的一堆放得杂乱无章的藏品,分门别类予以陈列,供展览之用。初学者之所以容易犯这个错误,是因为他们迄今为止接触最多的专业文献就是教科书。耳濡目染之下,不自觉地就模仿教科书构思论文了。为了避免进入这一误区,在构思阶段需要留意论文和教科书的区别。教科书体系性地介绍本学科已有知识,便于读者迅速而系统地学习本学科理论。教科书上的每一个知识点,都是前人付出艰辛努力并通过从事科学研究所取得的成果。由于篇幅所限,教科书只直接介绍有关知识,而通常并不详细说明前人是如何获得这一知识的,也不致力于探索新知识。与此不同,在科研活动中,研究者立足已有知识,继续进行探索,致力于提出新认识,如果这一新认识得到了学界的认可,则构成本学科公认的新知识。学术论文写作,就是探索新知识的过程的文字记录。论文说明如何运用已有知识进行推理,得出新认识,即论文的论点。由此可见,论文必须进行论证,即从一些真实性得到确认的前提出发,进行推理,得出一个结论。在这种意义上,教科书像对某一领域内各种藏品进行分门别类的展览,而论文写作则像冒险者根据种种可靠资料提供的线索,拨开团团迷雾,最终找到一个新宝藏。牢记论文和教科书承载了不同的使命,具有不同功能,有助于避免将论文写成教科书。

万一不知不觉把论文写成了教科书,如何进行补救呢?我们可以思考能否把相关内容作为论据进行论证,得出一个论点。例如,如果论文只是对外国法上的相关制度进行了细致的梳理和介绍,从而在结构上类似教科书,那么我们可以考虑增加篇幅,如对其进行分析和评价,说明其成功和不足之处,或者讨论其对我国是否具有借鉴意义,这就使对外国法制度的介绍构成论据,用于支撑我们关于这一制度是好是坏,或者对我国是否具有借鉴意义的观点,从而使得全文至少进行了一次推理,这就使其结构不再与教科书雷同。

(二) 工作对策研究

每年参加硕士论文答辩时,笔者都能看到不少论文其实是工作对策研究,这在来自实务部门的在职研究生中尤为普遍。此类论文很像政府部门的工作报告,往往先指出实践中存在什么困境,之后对其进行分析,最后提出应当如何做的对策与建议。当被指出错误时,作者往往还难以接受对其论文的批评意见,认为自己严格遵守了提出问题、分析问题、解决问题的思路。在他们看来,根据马克思的名言"哲学家们只是用不同的方式解释世界,而问题在于改变世界",这种提出行动方案的做法,远远胜过了一些论文从文本到文本的坐而论道。

在根本上,之所以会进入这个误区,原因在于写作者没有认识到论文写作是致力于创造新知识(或者解释世界)的活动。在分析之后提出一件事情应当如何处理,通常没有创造新知识,不构成学术研究,否则每个人在日常生活和工作中处理各种问题的活动都算从事科研活动了。学术论文的目的在于创造知识,扩大人类知识宝库。而这与马克思的名言其实也并不矛盾。改变世界并非盲目进行的,而是以正确地认识世界为前提,而认识世界就是科学研究的任务。

(三) 逻辑混乱

逻辑混乱也是初学者在构思论文时经常进入的误区。逻辑混乱的论文,大概有两种表现形式。在一些论文中,作者没有用一根红线把全文的不同篇幅串起来,而是思维具有很大的跳跃性,关于某一主题的行文往往戛然而止,然后突兀地开始转到另一个没有内在关系的问题上,让读者难以理解其思路。与此相应,论文的上级标题往往不能被合理地分解为几个下级标题,下级标题不能为共同的上级标题提供支撑,同级标题之间没有内在联系,甚至风马牛不相及。在另外一些论文中,作者先列举一些观点,如"A 认为×××,B 认为×××",之后加上"笔者认为",表明自己的立场,要么赞成 A,要么赞成 B,要么结合 A、B。

之所以会出现逻辑混乱,原因在于未能正确理解如何在论文中进行论证。多数初学者在论文写作之前,接受的写作训练几乎完全来自中学作文。中学作文,尤其是议论文的写作教学是为考试服务的,而考试的时间限制和评阅模式限定了写作者的很多写作习惯,比如结论先行(让阅卷人很快抓住重点)、例子铺排(满足字数要求)和修辞滥用(最直观的"文采")。将这些习惯带入论文写作,有效的论证就很难找到自己的空间。潜移默化之下,很多人以为这就是论证,毕竟"议论文"和"论文"也只有一字之差。为了使文章更像(议)论文,最常用的写法是辩证评述:"A 从一个方面来看('短期是''优点是''形式上')×××,从另一个方面来看('长期是''缺点是''实质上')×××,我们不仅要注重前者,也不能忽视后者,因此应该×××……"这样的写法看似滴水不漏,其实没有给自己的结论增加任何可信度,只是表明了自己的倾向,"信不信由你"。

而所谓论证,就是把一些真实性确认无疑的已知判断作为论据,按照演绎法或者归纳法进行推理,得出一个新判断,即推理的结论。如果论文进行很简单的论证,可以只进行一次推理。通常来说,论文要进行比较复杂的论证,需要灵活进行多种不同形式的推理。论文在进行多次推理时，在一些情况下，论文中的几个推理之间相互独立，分别从不同的前提得出了不同的结论，相应篇幅之间通常是并列关系；在另外一些情况下，前一个推理的结论构成下一个推理的前提，从而这些推理之间存在内在联系，则相关部分之间呈现递进关系。为了避免逻辑混乱，在构思时应当明确全文总体上如何进行论证，之后明确每一部分用多少篇幅进行哪些推理，不同的推理之间具有何种关系。我们要确保论文中的任何一部分都服务相应的推理，并确保完成完整的推理过程而不是中途搁置，并通过一系列相互联系的推理来完成论文的论证，这样可以确保不至于出现逻辑混乱的错误。为了避免逻辑混乱，我们可以多问问自己"有什么理由？""凭什么这么说？"，多一些"抬杠"和"钻牛角尖"的精神（和日常生活不同，在理论工作中这是非常可贵的品质），就能解决多数逻辑问题了。另外，还要习惯和老师、同学或者其他信任的人讨论自己的论文，鼓励他们多"挑刺"，这样就可以发现隐藏在"敝帚自珍"情结背后的逻辑混乱问题。

(四) 堆砌资料

在论文中堆砌资料也是初学者的一个常见错误，应当在构思中予以避免。如前所述，在论文中进行论证时，需要进行一系列推理。在任何一个推理中，只应当使用能够支持我们得出结论的材料，只有这些材料才构成推理中的有效论据。如果特定材料在此论证中不能够发挥作用，则应当舍弃，如果保留在论文中，就构成资料堆砌。①

之所以出现堆砌资料的错误,是因为在收集到的材料中必定有一部分是多余的,而我们可能舍不得删除。根据一个研究主题进行文献收集时,由于尚不知道自己最终将按照何种思路来组织论文,因此,难免会收集到一些最终用不上的素材,并通过独立思考发展出一些最终无法被纳入论文的想法。我们付出了很大的努力才收集到这些资料,因此往往倾向保留。尤其是自己发展出来的想法可以说是论文中具有较明显的原创性的部分,我们出于敝帚自珍的心理,难以割舍。然而,将这些内容保留下来,就构成资料堆砌,反而破坏了论文结构。此外,一些研究生在论文篇幅较短的情况下,也希望通过保留这些内容来达到字数要求。然而,为了维护论文结构的合理性,我们必须毫不犹豫地删除对全文论证没有帮助的部分。

二、调整选题

在探讨了如何避免论文构思的常见误区之后,下文从正面探讨如何进行构思。我们应当先根据文献收集情况对选题进行调整,之后再确定论文的结构。以所收集到的材料是否足以支撑对有关问题的研究为标准,我们可能面临以下三种不同情况,并且需要对选题做出相应调整。

---

① 与此相似,判决书中的所有内容,都应当服务最后的结论,即主文。如果特定篇幅对于判决主文的得出没有意义,则应当删除。如果法官发表自己的学术观点,而这一观点对于主文的得出又没有产生作用,那么,这种观点就构成 obiter dictum。

(一)放弃选题

在一些情况下,我们收集的材料完全无法支撑我们对选题展开研究。一是材料可能在广度上存在不足。例如,如果要进行比较研究,就必须针对比较对象收集充分的材料。如果材料收集不充分,则无法开展研究。一些研究生在撰写法学论文时打算对多个国家的相关情况展开研究。然而,在不掌握对应国家的语言的情况下,仅仅依赖中文文献,很难就多个对象国的相关法律理论和实践收集必要材料,因此相应研究不具有可行性。二是材料可能在深度上存在挑战。对一些问题的研究,需要在深度上下功夫。如果相关文献过于艰深,自己无法驾驭,则无法对相关问题展开有意义的研究。通常而言,如果从哲学角度研究一个问题,则比较有可能出现这一困境。

如果材料无法支持对有关选题的研究,则我们应当放弃有关选题。一定程度上,这是学术研究中的一个正常现象。选题类似探矿,初步确定选题之后,还需要通过收集和阅读文献来判断选题的可行性,这就像在初步判断某一地下有矿藏的情况下,往往还需要用钻机在地层中钻孔,并沿孔深取样,以此来确认是否存在矿藏。而通过收集和阅读文献发现无法继续深入研究原定选题,则类似确认地下并不存在矿藏,自然应当及时止损,放弃原定的选题。这种情况是所有研究者都可能遇到的,一些知名学者也有过这样的经历。德国公法史巨擘 Michael Stolleis 教授在年轻时想研究魏玛时期国家法学者 Hermann Heller 的学说,经过尝试之后,认为 Herller 的理论太深奥,最终放弃,转入对德国公法史的研究,并作出了巨大的学术贡献。①

(二)限缩选题

在收集文献的过程中,还有可能出现以下两种情况。一是选题覆盖的领域非常多,如果都涉及,则最终论文内容过于分散。二是难以找到关于论文某一部分的相关文献,从而导致没有足够的材料来支持这部分的写作。在这两种情况下,就应当对选题进行限缩。这两种情况笔者都经历过,并对选题进行了限缩。第五届中德宪法论坛的主题是"立法权限划分",笔者一开始拟就国务院的行政立法权撰文,计划分别就国务院的职权立法权和授权立法权展开研究。然而,笔者慢慢发现这两个主题的内容非常丰富,无法在一篇论文中展开。于是,笔者调整了思路,决定只限于对国务院的职权立法权展开研究,并最终完成了拙文《论国务院的职权立法权》。第八届中德宪法论坛的主题为"税收的宪法控制",笔者一开始拟以房地产税为例,探讨宪法对税收的规范。然而,在研究过程中发现,除了宪法财产权,关于其他基本权利和其他宪法规范对房地产税的规范的文献几乎找不到。有鉴于此,笔者就将研究重点设定为从宪法财产权的角度探讨房地产税的立法问题,完成了拙文《房地产税的宪法学思考——以宪法财产权为中心》。

(三)扩大选题

在收集文献的过程中,我们也可能发现与原定主题紧密相关

---

① 笔者于 2019 年在韩国参加学术会议时遇到 Michael Stolleis 教授,他告诉笔者其年轻时曾经尝试研究 Hermann Heller 的理论,对倾注其心血的四卷本《德国公法史》感到非常自豪,还给予笔者极大勉励。教授于 2021 年逝世,风范长存。

的相邻主题的文献,在这种情况下,就可以适当扩大选题,将相关问题纳入研究范围。笔者在《论法院对基本权利的保护》一文中,就按照这一思路,扩大了选题。当时,基本权利的间接第三人效力是国内宪法学界的一个热门话题,笔者已经开展了一些研究。学界主要关注法院对抽象法律条款作出合宪解释,从而使得基本权利具有间接第三人效力的做法。笔者一开始也将注意力限制在这种情形。后来,笔者在收集文献时,注意到德国有行政法院在法律没有作出任何规定的情况下直接援引宪法条款作出了裁判的判例,于是笔者就扩大了研究视野,在关注法院如何对待法律的抽象条款之外,还探讨在法律作出了具体规定以及法律根本没有作出任何规定的情况下,法院应当如何保障公民的基本权利,最终对法院在这三种情况下应当如何保障公民的基本权利进行了研究,并按照这一思路完成了论文。

三、确立思路

如果选题被否定,则论文构思阶段就此中断,并重新回到选题阶段。如果无需对选题作出任何调整,或者对其进行了限缩或扩大,则选题得以确定,之后的工作就应当确定论文的思路,即进行严格意义上的构思。

(一)层层分解论题

针对任何一个论题,都不能"眉毛胡子一把抓",笼统地进行论证。一个论题,通常可以被分解为几个并列或者递进的小论题,它们又可以被进一步分解。我们需要梳理所收集的材料,思考这些材料支持我们如何对论题进行层层分解。需要特别强调的是，在选题的时候，其实我们也会对选题进行初步分解，设想论文应该由几部分组成。在选题阶段对选题进行的分解，是依据我们的大致判断作出的。在完成文献阅读工作，进入构思阶段之后，也应当对选题进行分解，但这时所进行的分解，只能根据所掌握材料的情况来进行，而不能脱离材料。否则进行分解以后，一些较低层级的问题就没有相应的材料作为支撑，到时候"巧妇难为无米之炊"，无法完成这部分写作。某种意义上，选题、收集文献、构思的过程，类似厨师先决定要做哪几个菜，然后去市场上购买食材，之后再做菜。采购时可能买不到一些计划内的食材，同时能够买到一些计划外的食材。采购结束之后，自然就要根据实际购买的食材来决定做什么菜。同理，阅读完相关文献并产生了自己的相关想法之后，文献上的内容和我们自己的想法就构成论文的材料，就像厨师只能用实际购买的食材做菜一样，我们也只能根据这些材料来完成论文的写作。但在进行构思的时候，一些研究生容易脱离自己已经收集的材料，这就与选题阶段的初步构思混淆了。

对论文主题进行分解的时候，通常可以将其分解为几个并列或者递进的下一级主题，下文分别予以说明。

1. 并列

在很多情况下，我们可以采取特定标准把一个主题分为几个相互平行的分主题。按照不同标准，一个主题可以被分解为不同的分主题。举例而言，如果要对人进行研究，根据性别可以把人分为男性和女性；根据国籍，可以把人分为公民、外国人和无国籍人；按照年龄，可以把人分为胎儿、婴幼儿、儿童、少年、青年、中年、老年。分类时需要注意两点：一是采用一个标准进行区分之后，要穷尽所有类型，不得遗漏；二是只能采用一个标准进行分类，不得采用多个标准并将结果混在一起。例如，我们不得同时采用性别、国籍的分类，把男性、女性、公民、外国人和无国籍人列在一起。如何分解论文的主题，取决于主题本身的性质，同时也取决于所收集的素材是否支持我们作出相应的分解。

如果一个选题本身具有时间维度，则我们往往可以针对不同时间段展开研究。如果整篇论文或者其中一部分考察某一段历史，自然可以把这一段历史细分为几个阶段加以考察。值得注意的是，看上去似乎并不具有时间顺序的事物，或许也可以按照时间标准来进行细分。例如，拙文《论宪法财产权的保护范围》①中的一个问题就是讨论哪些公法权利构成宪法财产权。然而，公法权利几乎包罗万象，笔者找到的包括诸多外国宪法判例在内的相关材料显得杂乱无章，一时无法看出可以按照何种标准进行分类讨论。后来经过反复研究，发现可以按照人生不同阶段的顺

---

① 《论宪法财产权的保护范围》一文的结构：
一、宪法财产权保护范围：一个被忽视的问题
二、私法权利作为宪法财产权
1. 所有权
2. 继承权
3. 其他保护经济利益的私法权利
三、公法权利作为宪法财产权
1. 受教育权
2. 公职
3. 允许进行经济活动的行政许可
4. 社会保障权利
四、余论：判断权利是否构成宪法财产权的方法

序，考察在人生不同阶段具有重大意义的公法权利是否构成宪法财产权。具体而言，人的一生中需要先接受教育，这就涉及受教育权是否构成财产权的问题；接受完教育之后，进入职业生涯，个人可能获得公职，也可能在市场上就业。在在市场上就业的情况下，个人往往依赖一定的行政许可。这就出现了公职、从事职业活动所需行政许可是否构成财产权的问题。在失业、退休等情况下，个人依赖社会保障给付，那么，请求相应给付的权利是否构成宪法财产权，就值得进一步讨论。按照这一思路，笔者把哪些公法权利构成宪法财产权的问题，分解为人生不同阶段中的重要公法权利是否构成财产权的四个小问题，并按照这一思路安排了这部分的结构，设置了四个小标题。

在一些情况下，我们也可以按照空间顺序来分解一个主题。例如，在比较法研究中，我们可以进行所谓的功能比较，即考察不同国家的法律如何规范同一个问题。这样的话，就需要对不同国家的相关法律规定逐一进行考察，之后再对不同方案的优劣进行比较，最后得出哪种方案对我国最有借鉴意义的结论。按照国别不同分别进行研究，本质上就是按照空间顺序来分解主题。

在时间和空间标准之外，我们可以参考本学科中的概念体系来分解一个问题。每一个学科都包括非常多的概念，从上到下呈现一个树形结构。例如，法律可以被分为公法、私法和刑法，对三者又可以往下细分；国家权力被分为立法权、行政权和司法权。与此相应，对于一个问题，就可以分别从公法、私法、刑法的角度展开分析，或者从立法权、行政权、司法权的角度进行研究，设置相应的、并列的下级标题。拙文《论宪法财产权的保护范围》研究的问题是哪些权利构成宪法财产权。鉴于权利无非包括公法权利和私法权利,笔者就按照公法、私法的分类,分别探讨哪些公法权利和私法权利构成宪法上的财产权。

如果无法按照时间、空间、学科概念体系把一个问题分解为几个平行的小问题,那么,仍然可以探索是否可能按照其他符合逻辑的标准来进行区分,并设置相应的下级标题。拙文《论法院对基本权利的保护》①就把法院如何保护公民基本权利的问题分为法律作出了抽象规定、法律作出了具体规定、法律没有作出规定这三种情况,分别研究在这三种情况下法院应当如何履行保护基本权利的职责。

2. 递进

在一些情况下,论文全文或者其中某一部分所涉及的论题不能被分解为几个相互平行的问题,而是应当被分解为几个层层递

---

① 《论法院对基本权利的保护》一文的框架:
一、法院保护基本权利的义务
二、法院适用作为基本权利条款具体化的立法
三、法院对抽象法律规范的合宪解释
(一)法律合宪解释的一般原理
(二)我国法院进行合宪解释的实务
四、法院直接适用基本权利条款
(一)否定说
(二)肯定说
1.德国法院对基本权利条款的直接适用
2.美国法院可直接适用宪法
(三)本文的观点
1.立法空白不等于问题敏感
2.上诉和申诉程序不妨碍一审法院适用基本权利条款
3.宪法第126条与"法院应该适用哪些规范"的问题无关
结语

进、相互具有内在先后顺序的问题。这方面存在两种常见情况。

一是在论文有破有立的情况下,在批判他人观点、论证自己的观点之间,通常呈现一种递进关系。在他人已经发表相关观点的情况下,如果要提出自己的反对观点,一般要先进行批判。只有令人信服地说明了已有观点并不成立之后,才存在提出不同观点的空间。在这方面,洛克的《政府论》的做法就颇具代表性。在上篇中,洛克驳斥了保皇派菲尔麦鼓吹的君权神授和王位世袭观点;在下篇中,洛克探讨具有正当性的政府如何可能产生。拙文《基本权利审查中的法益权衡:困境与出路》①也按照先破后立的思路确定了论文结构。全文的主题是如何提高基本权利审查中法益权衡的可预见性。在进行正面探讨之前,需要回应原则性诘难(哈贝马斯认为基本权利构成规范,不可权衡;德沃金等学者主张权利在道德上高于公共利益,反对法益权衡;还有学者认为,法益权衡导致不确定性,有违法治原则),以及法益之间不可通约的技术性质疑。在论证这两种质疑并不成立之后,论文接着就如何在基本权利审查中进行法益权衡展开正面探讨。如果他人尚未

---

① 《基本权利审查中的法益权衡:困境与出路》一文的框架:
一、基本权利审查中的法益权衡困境
二、原则性诘难
(一)哈贝马斯:基本权利不得权衡
(二)德沃金等:权利优先于公共利益
(三)法益权衡与法治原则
三、法益之间不可通约的技术性质疑
四、通过权衡规则提高可预见性
(一)意见自由与对立法益之间的权衡
(二)平等权与对立法益之间的权衡
五、结语

对某一问题发表相关观点,论者可以按照先立后破的顺序,先提出自己的观点,再对可能的对立观点进行反驳,论文相关部分之间也就处于递进关系。洛克在《政府论》下篇中多次采用这一结构进行论述。例如,在第八章"论政治社会的起源"中,洛克论证了个人通过缔结社会契约而进入政治社会,之后对两种反对观点(历史上不存在人们通过缔结契约建立政府的例子;一切人生来就处于政府之下,受制于该政府,不能自由创立新政府)进行了反驳。

二是如果论文根据已有理论框架对一个问题展开分析,而这个理论框架中的各个部分之间具有递进关系,则应当按照递进关系来安排论文结构。例如,在法学案例分析中,无论是民法上根据请求权基础进行的案例分析,还是刑法上进行的三阶层分析,抑或对宪法自由权案件的三阶层分析,相关各个步骤之间都具有内在的先后顺序。如果按照案例分析的思路来撰写论文,则其各个部分之间自然为递进关系。同理,比例原则[①]各个子原则之间也具有递进关系,如果论文对一个行为是否符合比例原则展开讨论,通常应当设置四个小标题,依次对目的正当性、适当性、必要性与均衡性进行分析。

[①] 比例原则要求公权力只能出于正当目的采取干预公民权利的措施(目的正当性),此外,公权力所采取的措施必须能够促进目的的实现(适当性原则),是众多措施中对公民权利干预最轻的手段(必要性原则),必须保证公民权利受到的损害和所追求的公共利益之间是适当的、成比例的(狭义比例原则、均衡性原则)。审查公权力采取的措施是否符合比例原则,需要对这四个方面进行审查。这四步审查是逐步进行的,只有在前一步没有得出否定性的结论而终结审查的情况下,才进行下一步审查。

(二) 设置各级标题

1. 设置标题

在对主题进行层层分解之后,就可以设置相应各级标题了。论文主题被分解为几个小主题,通常就在论文开头、结尾之外的主体部分相应设立几个一级标题,同级标题之间,通常也处于并列或者递进关系。对一个主题,又可以进一步分解,我们相应设置几个下一级的并列或者递进的标题。对论文主题进行层层分解之后,论文各级标题也就得以确定。如此一来,论文各级标题之间也就有了合理的逻辑关系。具体而言,上下级标题之间,一个上级标题可以被分解为几个平行或者递进的下级标题。一个上级标题是对所有下级标题的概括,所有同级标题则为共同的上级标题提供支持。

2. 标题层级

学术论文通常要有两级以上标题。原则上,篇幅越长,标题层级应该越多。通过设置较多层级的标题,有利于厘清不同层面的逻辑关系,使得论文层次更为清晰,便于读者理解作者思路。因此,在篇幅较长、逻辑层次较多的情况下,可以设置四级甚至五级标题。当然,标题层级也并非多多益善,而是过犹不及。如果标题层级过多,容易导致论文的主体内容在一定程度上被碎片化,影响读者的阅读体验。因此,对于标题的层级,我们应当遵循非必要则不增加一级标题的做法。

为了适当控制标题的层级,我们可以采取两个做法。其一,根据论文的篇幅和逻辑结构,如果去掉最低一级标题也不影响读者理解,则应当减少标题的层级。其二,在不至于产生误解的情况下,我们可以将逻辑上属于上下两个层级的标题合并为一个层级。例如,严格意义上,按照法律有没有作出保护基本权利的规定,可以区分出作出规定和没有作出规定这两种情况,这两种情况在逻辑上处于同一个层次。在下一个逻辑层面,可以把法律规定了基本权利保护的情况区分为作出了具体规定和作出了抽象规定这两种情况。如果用树形结构来表示,这三种情形之间的逻辑关系如下(见图1):

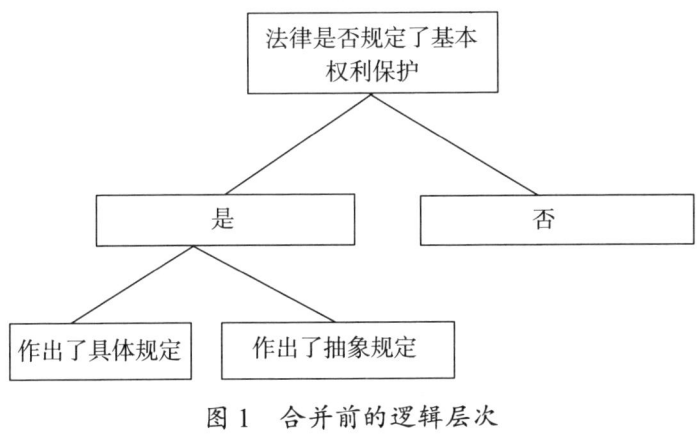

图1 合并前的逻辑层次

为了减少一个层级,笔者将法律作出了具体规定、抽象规定,与法律没有作出规定的情况并列处理,尽管前两种情况严格意义上是处于下一个逻辑层次的问题。做出这样的调整,并不明显违反逻辑,而能够避免将这三种情况在两个层级上展开分析,从而减少了一个标题层级(见图2)。

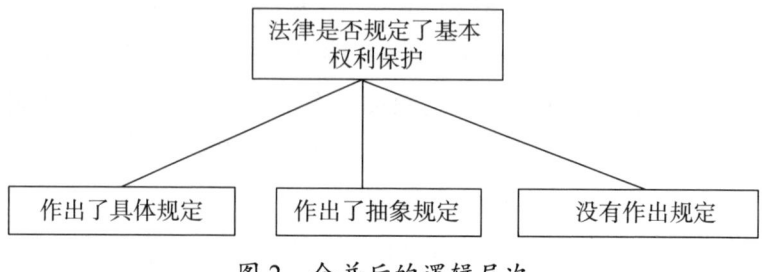

图 2　合并后的逻辑层次

3. 标题数量

那么,同级应当设置多少个标题呢?从逻辑上来看,同级标题至少要有两个,否则就没有必要在这一层级设定标题了。至于应该设置多少个标题,则没有一定之规。同级标题的数量,是依据事物本身的性质来确定的。如果将一个事物分成各个部分来进行分析,那么,根据什么标准将其分成了几个部分,就会产生多少个同级标题。如前所述,根据性别来进行区分,则人可以被分为男性和女性;按照国籍来区分,人可以被分为公民、外国人和无国籍人;按照年龄来区分,人可以被分为婴幼儿、儿童、少年、青年、中年、老年。与此相应,也就会产生相应数量的同级标题。按照何种标准来进行区分,取决于论证的需要。

(三)确定推理方法

1. 概述

对问题进行层层分解之后,我们就要确定如何展开论证,即进行一系列推理。每一次推理中,都把适当的材料作为论据,经过推理得出相应论点。完成所有推理之后,就得出了论文的结论,以此作为论文一开始所提出问题的答案。在一个标题之下,可以进行一次独立的推理。也有可能几个标题之下的篇幅,共同构成了一个推理。例如,当进行比较法研究时,为了探讨外国法上的一个制度对我国是否具有借鉴意义,在一个或者多个标题之下,我们需要先对这个制度进行梳理和介绍,不进行推理,而在另外一个或者多个标题之下就其对我国是否有借鉴意义的问题进行推理。

在此过程中,需要特别注意如下两点。其一,我们可以对能否得出相应论点作假设,即假设可以从所掌握的材料中得出这个论点,以此使得思考具有确定方向。例如,在进行外国法研究时,我们可以假设外国法上的制度对我国具有或者不具有借鉴意义;对一个制度或者行为的合法性、合宪性进行研究时,我们可以假设其(不)合法、(不)合宪。无论作出何种假设,我们对材料的使用,就有了一个方向。如果随着研究的深入,发现无法从材料得出假设的结论,那么,就可以对假设进行调整,往相反的方向进行推理。在提出假设的过程中我们要大胆,但在进行论证的时候务必小心谨慎。其二,推理不得脱离所收集的材料。完成文献阅读工作之后的构思,不同于选题阶段的构思。选题的时候,我们往往根据所提出的初步思路进行预测,其功能是提示自己收集什么方面的文献。而在阅读完文献之后,所收集到的材料就是我们构建论文的所有"原料"。我们不能奢望继续收集其他材料,否则文献收集和阅读阶段将被无限期延长。

在论文中进行的推理,主要通过演绎法或者归纳法进行[①],我

[①] 也有人主张类比法是除演绎法和归纳法外的第三种推理方法,我们认为,类比法最终可以被还原为演绎法或者归纳法。类比法的逻辑如下:如果A,那么B;而A′和A类似,所以,如果A′,那么B。由此可见,在运用类比法进行推理的时候,其基础是一个已经成立的命题(如果A,那么B)。而这一命题不能再借助一个类比确立,而是只能通过演绎或者归纳确立。

们应当思考按照何种方法来完成论文中的推理。下文分别探讨在什么情况下适用这两种推理方法。

2. 演绎法

在运用演绎法进行推理时,我们将一般性的原理适用于特定个案,得出一个适用于个案的结论。演绎法的适用通常体现为一个三段论推理。我们来重温一个众所周知的三段论推理:大前提为"所有人都会死",小前提为"苏格拉底是人",结论为"苏格拉底会死"。其中,大前提"所有人都会死"是一个一般原理,将其运用在具体的个人苏格拉底身上,就得出了一个新认识即结论"苏格拉底会死"。在严格意义上,个案的结论只是构成已知原理在个案中的重申而已,因此已经包含在已知原理中,并没有得出新的认识。基于这一原因,演绎逻辑的说服力比较强,即只要在三段论推理中不发生错误,结论就是正确的。法律规范在个案中的适用本质上就是按照演绎逻辑进行的。法律规范构成大前提,个案事实构成小前提,判决则构成三段论推理的结论。

如果一篇论文在整体或者部分篇幅中进行的论证是援引一个得到公认的原理来分析一个具体问题,并得出相应的结论,那么,就可以根据演绎法进行推理。结构上,我们先对一般性原理进行介绍,之后就按照该原理本身的内在框架来展开分析。其中,如果有关原理是众所周知的,则可以不必再对其进行阐述,而是直接运用这一原理进行论证。在公法领域,我们可以根据比例原则来对公权力限制公民权利的行为进行审查。如果运用比例原则来分析公权力的行为,则大体上就可以采纳比例原则本身的结构。拙文《房地产税的宪法学思考——以宪法财产权为中心》①整体上根据比例原则的框架谋篇布局。该文主要根据比例原则,讨论宪法所保障的公民私有财产权对房地产税立法设定了何种限制。在第一部分确认宪法财产权构成对房地产税的干预之后,该文第二、三、四、五部分分别探讨房地产税的开展是否或者如何才能够符合目的正当原则、适当性原则、必要性原则和狭义比例原则,并在第六部分得出结论。当然,根据比例原则进行的分析如果只构成论文中的一个部分,则可以在这一部分直接采纳比例原则的框架来构思。

3. 归纳法

在运用归纳法进行推理时,我们从个别情况得出一个具有普遍性的结论。这种思维方式,在法院审判和法学学术研究中经常被采用。就法院审判而言,尤其在普通法系国家,法官在无法可依的情况下往往在个案中发展出一个新规则,进行法官造法。在法学研究中,学者们也经常基于个案的研究,得出适用于同类情形的结论。与演绎逻辑只在个案中重申一个已有认识不同,运用归纳法从个案中得出的结论是一个全新的认识,因此,这往往意

---

① 《房地产税的宪法学思考——以宪法财产权为中心》一文的框架:
一、宪法财产权对房地产税的限制
二、目的正当性
三、适当性原则
四、必要性原则
五、狭义比例原则
(一)重复征税质疑
(二)税率的限制
六、结论

味着对增加人类知识作出较大贡献。但与此同时,特别是在法学的论证中,其在说服力上也有两个不足,我们对此要保持清醒的认识。一是用归纳法得出的结论具有或然性,即可能而不是绝对正确。这是因为,在运用归纳法进行推理时,无法穷尽所有的个案,而只能从有限的个案中得出结论。例如,如果看到1000只天鹅都是白色的,运用归纳法进行推理,就能得出"天鹅都是白色的"这一结论。但在进行这一推理时,未能考虑到一些天鹅为黑色的事实,因此,这一推理以偏概全,得出了错误的结论。二是事实和规范之间存在的鸿沟,会特别影响法学研究中采用归纳法所进行的推理的说服力。具体而言,如果从很多个别事实(如1000只天鹅都是白色的)得出一个关于事实的结论(天鹅都是白色的),其说服力是比较高的。但在法学论证中,我们常常需要尝试在事实和规范之间架起桥梁。一方面,一个事实长时间、多次、反复出现之后,我们会习以为常,进而认为其是正当的。如此一来,事实也就具有了规范力量。从这样的事实,我们就容易推导出相应的规范,即从实然推导出应然。另外一方面,如果一个规范在法秩序中是有效的,那么,相关的现实就应当遵守这一规范,因此,现实与规范就保持一致。在这种情况下,规范具有规范力量,使现实符合规范。从这样的规范,我们也容易推导出相应的事实,即从应然推导出实然。然而,如果一个事实并不正当,则不能推导出相应的规范;如果一个规范并没有得到普遍遵守,则其只是纸上的规范,不能够从中推导出相应的现实。基于这些考虑,我们在适用归纳法进行论证时,应当尽可能小心谨慎。

如何运用归纳法进行推理,笔者结合拙文《论法院对基本权利的保护》的第三部分予以说明。这部分论证了我国法院应当对抽象法律规范进行合宪解释,以此来保护公民基本权利的观点。笔者先从一般原理的角度论证法院应当对抽象法律进行合宪解释,接着论证这一观点已经为我国司法部门所接受并践行,因此并非只是空中楼阁、纸上谈兵。对这一论点的论证,主要是通过援引司法实践中的两个例子来进行的。一是《最高人民法院关于雇工合同"工伤概不负责"是否有效的批复》,二是一家法院在一起债权执行异议纠纷案中的判决。这个批复和判决实际上都对有关抽象法律条款作出了有利于保障公民基本权利的解释。笔者从这两个具体的判例,得出了一个一般性的结论。当然,从两个判例得出结论有可能犯了以偏概全的错误,和所有运用归纳法进行的推理一样,这一论证的说服力也是有限的。但就法学论文写作而言,穷尽司法实践中的所有相关情况是不可能的,因此,这种论证在方法上是可以接受的。

第四章 初 稿

构思之后的工作就是写作初稿,这是一个从无到有的阶段。一旦写出初稿,看到论文的雏形,我们就不会再有恐慌心理。然而,初稿写作是整个论文写作过程中最有挑战性,也最令人望而生畏的阶段。福克纳说,写初稿就像在强风中盖房子。① 虽然这句话是就文学创作而言的,但也适用于学术写作。出于对初稿写作的畏惧,人们往往一拖再拖,迟迟不开始写作,或者开始之后,也用各种借口来逃避写作。我们先讨论一下开始初稿写作的时机,再讨论一下初稿写作的核心工作,最后探讨可以采取哪些措施使初稿写作得以顺利进行。

一、初稿写作的时机

关于应该何时开始初稿写作的问题有两种比较普遍的看法,一是在思考成熟时开始,二是应当在有灵感和冲动时开始。我们对这两种看法进行辨析。

(一)等待思考成熟?

写作者经常有这种令人恼火的体会:就有关选题已经阅读了相关文献,形成了论文框架,自我感觉思路清晰、胸有成竹,下面

---

① Writing a first draft is like trying to build a house in a strong wind.

的工作只是把脑子里的想法一一付诸纸面,论文写作即可大功告成。然而,当兴冲冲地打开电脑准备动笔时,却发现原来清晰的论文构思变得一片朦胧,各个想法就像云海一样变幻莫测,千言万语不知从何说起。面对空白的屏幕,经过多次尝试之后仍然无法下笔,最终得出自己没有思考成熟的结论,于是决定继续思考,直到成熟了再来写作。然而,经过一段时间,自以为思考成熟之后,当准备下笔时又发现思路烟消云散,无从说起。于是,又决定搁置写作,等待真正思考成熟了再动笔。然而,无论思考了多久,只要一想动笔,就发现脑子里的想法似乎突然变得不成熟。总之,无论自我感觉腹稿有多么成熟,每次一动笔的时候又发现思考尚未成熟,这就导致久久无法动笔。

之所以会出现这种情况,是因为我们误以为在没有成文的情况下,是有可能存在清晰想法的。实际上,只要一个想法只存在于我们的大脑,而没有形成文字,则其必然模糊而飘忽不定。如福克纳所言,在写出来之前,都不知道自己真正的想法是什么。① 然而,在动笔之前,明明想法是模糊的,我们却误以为它们是清晰的,可以像打印电脑文档一样把自己脑子里的想法写下来,于是就出现了每次自认为已经思考成熟却无法下笔的情况,屡屡重复"此中有真意,欲辨已忘言"的经历。

那么,既然只要一个想法还只是停留在脑子里,就必然是模糊的,不可能越来越具体,在这种意义上我们永远无法思考成熟。我们只有先将模糊的想法诉诸纸面,才可以认识这个想法,并通

---

① I never know what I think about something until I read what I've written on it.

过对文字进行修改、完善、发展这个想法。换言之,我们正是通过写作才能对一个问题进行持续而深入的思考。离开了写作,就不可能进行思考。因此,只要有一些想法,即便不成熟,也不影响开始写作初稿。我们恰恰要像儿童用网兜捕捉空中飞行的蝴蝶一样,将不成熟、飘忽不定的想法通过诉诸笔端固定下来,之后进行修改完善,使自己的思考走向深入。

(二)等待灵感和冲动?

当受灵感和冲动驱动时,我们通常会有很强烈的写作欲望。在这种情况下,个人感觉犹如神灵附体,写作的启动和进行几乎自发进行,不知不觉就大功告成。笔者在这方面有一些相关经历。《德国土豆与中国宪治》是笔者在产生灵感之后一气呵成地完成的。在汉堡大学读博士期间,笔者经常在周末和德国朋友一起去酒吧神侃。有一次,一个学历史的德国朋友在酒吧讲了一个弗里德里希二世(腓特烈大帝)如何略施小计让德国人接受土豆这种新食物的故事。这个故事给了笔者很大的启发,笔者想到,饮食习惯是非常难改的,而通过一些小小的"诡计",最后德意志人就习惯了吃土豆。那么,在公共生活中,是否也可能引入新制度呢?中国历史上实行了两千年帝制,清末出现了"千年未有之大变局",那么,中国是否可以从古代政治制度顺利地转向现代政治制度呢?作了这个联想以后,笔者很兴奋,夜里从酒吧回到家以后马上打开电脑,乘兴开始写作。先讲了这个德国故事,之后写了一些自己的思考,在几个小时内一气呵成。与这篇随笔不同,《从亲身经历透视德国〈基本法〉上的平等权》①的写作,并非出于灵感,而是在强烈的喜悦心情的驱动下完成的。在德国留学的尾声,就能不能在学生宿舍多住一个学期的问题,笔者和宿舍管理部门进行了几个月的邮件交涉,当时判断自己成功的可能性不大,做好了被扫地出门的心理准备。有一天接到管理部门的信件,通知笔者可以再住一个学期,当即欣喜若狂、"得意忘形",马上一口气把这件事情写下来。现在读来,字里行间还能看出写作时的狂喜心态。从这两次创作经历来看,如果产生了灵感,或者有强烈的创作冲动,写作将非常顺利,能够"下笔如有神"。

那么,初稿写作是否应当等待灵感和冲动呢？对此,我们需要注意两点。其一,灵感和冲动是可遇不可求的,具有随机性。如果等待灵感和冲动来了才写作,则意味着可能迟迟无法开始写作。因此,有条件要上,没有条件创造条件也要上,初稿写作不应当取决于是否有灵感和创作冲动。其二,在论文写作的全过程中,在选题和构思阶段比较需要灵感,而构思完成之后进行的初稿写作,很大程度上就是在论文框架上进行填充。构思相当于建筑师设计一幢大楼,而初稿写作相当于按照图纸进行施工,把建筑师脑子里的大致想法予以实现。就此而言,初稿写作是对构思的执行,对灵感的需求较低。

值得注意的是,一些文学大家的经验也能够印证上述判断。奥斯特洛夫斯基说:"灵感是在劳动时产生的。"海涅则说:"人们在那里高谈阔论天启和灵感之类的东西,而我却像首饰匠打金锁

---

① 谢立斌:《从亲身经历透视德国〈基本法〉上的平等权》,载中国法学创新网,http://www.fxcxw.org.cn/dyna/content.php?id=5795,2024年9月25日访问。

链那样精心地劳动着,把一个个小环非常合适地联结起来。"福克纳更是说:"我不知道什么是灵感,我听说过,但从来没有见过。"①彼得·德弗里斯则诙谐地说:"我只在灵感来的时候写作,而我保证每天早上九点钟我都有灵感。"文学创作无疑在更大程度上需要灵感,既然文学大师都并不等待灵感出现才开始写作,那么,学术论文的初稿写作就更不应该等待灵感了。

由此可见,我们不应当等待思考成熟或者出现灵感和冲动之后才开始写作。一旦构思完成,就应当毫不犹豫地开始初稿写作。

二、初稿写作的核心工作

人们通常依赖自己已有知识和经验来认识新事物,因此,初学者首次进行学术写作时,自然就容易依赖自己在中小学阶段写作文的经验,潜意识里以为初稿写作就是直接打开一个空白文档,按照自己的腹稿,洋洋洒洒地把论文全文写出来。这一错误认识具有很强的生命力,初学者应当特别注意学术论文的初稿写作与中小学作文不同,前者是在完成选题、文献收集和阅读、构思之后进行的。前期的阅读、思考、构思构成初稿写作的基础。

在初稿写作阶段,已有的基础包括由多级标题组成的论文框架,以及相关的读书笔记。其中,读书笔记既包括对相关文献的重述、概括、摘录,也包括自己得出的一些想法。在初稿写作阶段,我们应当把相关笔记的内容,分门别类地放在论文大纲中的

---

① I don't know anything about inspiration because I don't know what inspiration is; I've heard about it, but I never saw it.

相应标题之下,作为相关部分的写作依据。下一步工作就是依据相关笔记,完成每一个标题之下的正文的写作。在每一个标题之下,我们也需要进行一些构思。我们应当思考按照何种逻辑,分为几段来展开论述;在一段之内,又按照何种逻辑来进行论述。在此过程中,相关读书笔记构成写作的素材,笔记可能涉及不同内容,不同内容之间的逻辑关系可能并不明显,我们需要对其进行梳理,甄选相关内容并用一根红线串起来。而不相关的素材则应当被舍弃,以免破坏这部分正文的结构,或者进行没有意义的资料堆砌。

在完成各个标题之下的正文之后,需要写一些承上启下的语句或段落,使各个部分之间实现自然过渡。各个标题之下的正文、过渡性质的文字都完成之后,初稿写作即告完成。

三、如何流畅地写出初稿

我们梦想下笔时如神灵附体,写出洋洋洒洒、让自己击节叹赏的文字,与文字"相看两不厌",甚至达到"我见青山多妩媚,料青山见我应如是"的状态。然而,理想很丰满,现实很骨感。更为常见的经历,却是写作者和电脑"面面相觑",好不容易憋出一些文字,却横竖看着不顺眼,相看两厌,于是又删掉,继续苦苦思索之后写了几句,之后又删掉。于是,我们最终在电脑屏幕前目光呆滞、形容枯槁、面目黧黑,一天下来也没写出多少自己大致觉得满意的文字,内心挫败,愁眉苦脸,"拔剑四顾心茫然",开始怀疑人生,悲叹上天不公,悲叹为什么别人"下笔如有神",自己却"下笔如有鬼"。如果亲友"哪壶不开提哪壶",问起自己的写作进展,则心情更是不好。然而,之后我们还得硬着头皮勉强支撑,重复之前的痛苦历程,或者干脆回避写作,开始拖延。

初稿写作之所以如此艰难,根本上还是因为潜意识里的完美主义思维在作怪(孽)。在阅读文献的时候,我们所接触的作品都是他人经过精心推敲的定稿,在形式和内容上近乎完美。在不自觉中,我们也就把他人已发表的作品作为标准,期待自己写出来的文字即使不完美,也不能太差。因此,在写初稿的时候,为了使写出来的文字达到这一心理预期,我们绞尽脑汁,而如果达不到这一要求,则删去费心尽力写出来的文字。如此一来,初稿的"完成"都成了问题,更谈不上"完美"了,"完美"就成了"好"的敌人①。

走出困境的唯一出路,就在于先追求完成,再追求完美,不要让完美成为好的敌人。我们主张极度降低对初稿的要求,允许自己写出并不完美、有明显瑕疵的文字,甚至允许自己写出"学术垃圾",这样就能让初稿的写作过程更为顺畅。实际上,这也是一些知名作家所采取的做法。海明威称自己任何作品的第一稿都是惨不忍睹的。② 他还说,"我每写一页的杰作,都伴随着九十一页的垃圾,只不过我尝试把垃圾扔进垃圾筐里"。福克纳则说过:"必须先写得很糟糕,才能写得好。"③

根据先完成再完美的思路,笔者建议初稿写作中采取如下几个策略,以便顺畅写出初稿。

---

① Perfect is the enemy of the good.
② The first draft of anything is shit.
③ You have to write badly in order to write well.

(一)意识流写作

在专注思考一个问题的时候,我们的脑子里会出现一个又一个模糊想法。在一个想法出现之后,几乎不由自主地会想到另外一个相关想法,而两者之间并不一定存在明显的联系。一个又一个想法相互更替,形成了一个意识流。如果要一蹴而就、一步到位,准确地写下不同想法,并以符合逻辑的方式将它们组织起来,就需要同时做到精确描述想法、理顺不同想法之间的关系。然而,这两个任务本身就是很大的挑战,这也是难以写出初稿的原因。我们可以顺应大脑思维的规律,在这两个方面都放低要求。不追求准确表达想法,而是尽可能把存在于大脑中的诸多模糊的想法捕捉下来诉诸纸面,予以固定。也不追求以符合逻辑的方式将不同想法连接起来,而是想到什么就写什么,可以前言不搭后语。这种对准确性和逻辑性都不提出任何要求、想到什么就写什么的做法,自然门槛很低。按照这一思路进行的写作,构成意识流写作。在难以下笔的情况下,我们主张采取这种方法,使初稿写作取得进展。

那么,如何具体进行意识流写作呢?对一个主题,我们想到了什么,就马上写下第一句话,之后就快速地接着写想到的其他内容。在此过程中,不管句子是否通顺,不管用词是否准确甚至是否有错别字。在写下每一句话之后,我们应当避免阅读所写内容,即使意识到表达有瑕疵和错误,也不回头看,看到或者意识到错误也不更正,而是继续写。脑子里想到任何内容,都不考虑其与之前的句子是否重复,是否有联系,是否语无伦次、前言不搭后语。我们先写下来,直到自己把对于这个主题所能想到的所有想法都写下来、确实无话可说了之后才停下来。当然，如此写下的内容注定存在很多缺陷，有待进一步加工、整理。对于这些内容，我们应当重点看有无可取之处，删除没有意义的部分，再考察保留下来的想法之间存在何种逻辑关系，之后按照合理顺序，把这些想法组织起来。通过这一处理，对语言进行初步修改，消除明显瑕疵，使语言表达基本符合规范。在此之后，保留下来的文字就可以被纳入初稿了。

由此可见，如果我们无法一步到位地写出初稿，则可以采用意识流写作。这一方法之所以有效，是因为先进行意识流写作，把初稿写作一分为二：先进行意识流写作，再对所形成的文字进行整理。这就像我们在面对一个很高的台阶无法一步迈上的时候，找一块石头在中间垫一下，让一级台阶变成可以轻松迈上的两级台阶。

(二) 我手写我口

写学术论文无疑应当采用书面语。书面语用词严谨、精确、正式，只有经过专业学习才能掌握相关的名词术语。书面语的句子通常较长，句子成分之间相互修饰，通过复杂的结构呈现出来。在进行书面表达时，我们力求精确，因此字斟句酌，左思右想，"捻断数根须"，经常感到难以下笔。而与其他学科相比，法学尤其注重表达的准确性，法学论文所使用的书面语被称为"法言法语"，比一般的书面语更为严谨，因此写作法学论文更为困难。

与此同时，却存在一个有意思的现象：在我们无法下笔的同时，却往往能够在无须任何思考的情况下，随口陈述自己的看法。如果是进行谈话，则通常大多数人都能够在对方话音刚落的时候,就不假思索地发言,你来我往,交流通常毫无停顿。口头表达几乎毫无难度,这是由口语的特点决定的。口语使用日常生活词语,用词朴实,并且有一定的模糊性,大量使用短句。在口语中我们可以先后重复,不必理会句子之间的逻辑关系,思维可以随意跳跃,想到什么说什么。

笔者主张,如果无法一步到位地用书面语言进行写作,我们在初稿写作阶段可以采用口语,我手写我口,像说话一样进行写作,这能够大大降低写作的难度。写下来之后,对用词、语法方面,再进行修改。一方面,要用书面语代替日常用语。另一方面,要分析短句之间的逻辑关系,把多个短句按照其内部关系,组织为长句。如此一来,初稿中的口语体,就被修改为书面体,这就使初稿写作的难度大大降低。

(三)合理界定读者

与日记不同,论文写出来是给读者阅读的,因此,不管写作者有没有意识到,其在心里其实都预设了读者形象。预设的读者可以分为专家和普通人两个类型。如果预设的读者是专家,写作内容的取舍就应当以能够入其"法眼"为标准。所谓"人类一思考,上帝就发笑",专家占据了一个类似上帝的位置。为了让读者满意,论文必须字字珠玑,做到微言大义。如果将粗浅想法和简单的内容写入论文,则难免班门弄斧、贻笑大方。按照这一要求,自己即便发展出了不同于前人的想法,在专家面前也黯然失色、不值一提。如此一来,自然就很难有什么内容值得写到论文中,初稿写作几乎无法开展。相反,如果预设的读者是本领域的普通人,即对相关领域有一般性了解,但是对作者所研究的主题没有进行深入研究的同行,那么,写作中在进行内容剪裁的时候,我们就自由得多。只要不是本学科中众所周知的常识,作者不但可以,而且应当予以介绍,从而使得读者能够获得相应的背景信息,以跟上作者的思路。同理,作者发展出的任何一个想法,只要对普通人而言是新颖的,就具有创新性,就可以完全正当地写到论文中。

我们建议把本领域的普通人预设为读者。写作的内容只要不是本专业中众所周知的常识,都可以被纳入初稿。对研究生而言,在进行论文写作时不应当将学者(或者自己的导师)作为读者,而是应当以自己本专业的同学作为读者。只要有关内容对同学而言具有一定的新颖性,就可以而且应当将其纳入论文初稿。

在写作本书初稿的过程中,笔者深刻体会到预设的读者不同,会导致自己下笔时的难易程度有很大差别。如果以诸多优秀的学界同行为潜在读者,则心里就会一直打鼓,觉得自己写的内容很幼稚。如果提醒自己这本书是写给学生看的,则心里马上充满了自信,写作也就更加顺利。

(四)跳过难点和细节

在初稿写作遇到难点时,如果一时半会儿找不到解决办法,就容易卡壳、陷入停顿。在较长时间没有突破之后,我们往往心烦意乱,甚至产生逃避心理,从而导致论文写作停滞不前。然而,既然初稿写作是在大体框架已经确定的情况下进行的,那么,在一个部分写不下去的时候,完全可以跳过卡壳的部分,转战另一个部分的写作。就像在中小学考试时,遇到一道不会做的难题,不应当纠缠不休,而应继续做下一道题,最后有时间再回头做难题。同理,在初稿写作中如果在某一部分遇到了难点,可以去完成其他部分的写作,之后再来处理卡壳的部分。或许经过冷处理,问题自然就解决了。而在修改的过程中,也有可能发现卡壳部分不应被保留在定稿中,因此,初稿写作中不与之纠缠,正好避免了浪费时间。

  与难点相似,对细节的核实也可能导致初稿写作进展缓慢。初稿写作中,注定有很多内容是有待核实的。无论是具体的细节,还是相关引注的出处,往往都需要进一步确认。如果一遇到细节问题就停下来进行核实,将大大影响初稿写作的进度。为了顺利地完成初稿,我们应当降低对初稿的要求,允许存在大量需要进一步核实的细节,先完成初稿,而把细节核实问题放在初稿完成之后的修改阶段。

第五章 修 改

完成初稿之后,下一步工作就是进行修改或者重写。修改阶段具有非常关键的意义。在一定程度上,修改得如何决定了论文写作的成败。在这种意义上,可以说论文不是"写"出来的,而是"改"出来的。一些作家高度评价修改的重要性。戴尔说:"在本质上,好的写作就是重写。"①格雷夫斯认为:"没有好的写作,只有好的重写。"②下文先概括性地探讨修改时机、顺序和次数的问题,之后分别就如何修改框架、正文、格式和脚注进行讨论。

一、概述

(一)时机

理论上完成初稿之后可以马上进行修改工作。不过,如果时间允许,可以有意搁置一段时间。搁置主要有三个好处。首先,初稿写作是一个非常耗费心力的工作,完成之后最好能有一个喘息空隙,从而让自己对论文写作的热情能够慢慢恢复。其次,在搁置论文初稿的阶段,大脑里的印象还很深刻,潜意识中还

---

① Good writing is essentially rewriting.
② There is no such thing as good writing, only good rewriting.

会进行思考,关于如何修改初稿的一些想法几乎会自动萌生,我们有可能获得一些很有价值的想法。最后,搁置一段时间之后,自己对初稿的内容不再那么熟悉,甚至产生一定的陌生感,从而使自己能够与初稿保持一定的距离,让自己获得局外人视角,更能够摆脱当局者迷的困境,更加客观地看待初稿。至于说应当搁置多长时间,则仁者见仁、智者见智,既要考虑论文提交的期限,也要看当前给自己安排的其他任务需要多长时间,总之要在兼顾所有相关因素之后予以确定。

(二) 顺序

我们主张严格按照框架、内容、语言、格式和脚注的顺序进行修改。然而,在这一点上,我们容易不知不觉地犯错,往往先去修改语言、格式和脚注,而不是先修改框架和内容。这主要是因为语言、格式和脚注方面的错误通常非常具体、明显,吸引我们的注意力,而对此作出修改也相对比较容易。花较短的时间改完一个个错误,我们会有成就感,从而乐此不疲。相反,审视论文的框架和内容需要我们将全文纳入考虑范围,进行深入思考。这方面的不足也并不像病句、错别字那样明显,修改起来也很费力气,因此,我们在心理上自然会有回避倾向。

然而,如果"只见树木不见森林",回避修改框架和内容,直接投身于对语言、格式和脚注的修改,则在花费很多时间与精力之后,最终仍然要面对框架和内容的不足,发现这方面的问题之后,仍然需要作出调整,并不得不删去一些篇幅。那么,之前用于修改这些篇幅的时间与精力也就被浪费了。为了避免这种情况发生,我们要克制直接修改简单而明显的问题的冲动,严格按照框架、内容、语言、格式和脚注的顺序进行修改。一个简便易行的办法,就是在修改时先通读初稿全文,看到具体的错误时不立刻去修改,而是坚持先从宏观方面考虑论文的框架。

(三) 次数

应当对初稿修改多少次?对此,我们可以参考一下中外文学家的做法。据说,托尔斯泰在创作《安娜·卡列尼娜》时,对开头部分修改了 20 余次;海明威写《老人与海》时,修改了超过 200 次,定稿大幅度精简,只留下初稿篇幅的 1/10;《永别了,武器》的结尾则被重写了 39 次;福楼拜从一开始就给未来的修改留下了足够的空间,每页稿纸只写一行,其余九行都是空白,留待修改时使用;曹雪芹修改《红楼梦》15 次。由此可见,要提高作品的质量,反复修改是不可避免的,这一点也适用于学术论文的修改。那么,我们对论文初稿应该修改多少次呢?

笔者认为,笼统地讨论对论文修改多少次帮助不大。如前所述,对论文的修改,分为对框架、内容、语言、格式和脚注的修改。原则上,完成一个阶段的修改工作,进入下一阶段之后,一般不再返回上一阶段的修改。笔者认为,与其讨论对整篇论文应该修改多少次,还不如关注在各个阶段应当修改多少次。对此,我们应当追求合理的投入产出比。修改次数越多,无疑越能够精益求精,但越到后期,每一次额外修改带来的改进越小,总体上呈现边际收益递减的趋势。因此,在修改还能明显提升初稿质量的情况下,要投入足够的时间与精力。但是,如果论文已经达到了相应要求,而投入和产出比例失调,则即便论文还有一些缺憾,也应当停止修改。

在任何一个阶段进行修改时,都要规避"毕其功于一役"的不合理预期误导,不要盲目追求一步到位。我们应当进行多次修改,通过每一次的修改争取解决一部分而非全部问题,循序渐进,慢慢完成这一阶段的修改工作。在进行从头到尾的修改时,如果发现的问题可以马上解决,自然应当马上予以修改。如果还没有好的解决方案,则可以存疑,留待在后续修改中解决,如此循环往复,直到解决所有问题。这在语言修改中尤为明显。看到不符合语感的句子,有的可以直接改,有的则无法直接改,只能存疑,同时将其交给潜意识继续思考。多次面对如何修改某一句话的问题之后,或许最终就会豁然开朗,找到一个好的修改思路。总之,每一遍的修改不要求一次解决所有问题,而是能解决多少问题就解决多少问题,这样我们就可以轻装上阵,避免对修改工作产生畏惧心理,进而引发拖延行为。

二、框架

写作初稿就是在论文框架中填充具体内容,而完成初稿之后,我们往往发现实际填充的内容不完全与框架相匹配。有可能一些地方写得很单薄,有的地方则非常充实,甚至对一些在原来框架中没有涉及的问题,初稿中也进行了探讨。因此,初稿完成之后,往往需要重新对框架进行审视。

在着眼于修改论文的框架时,应当使全文的框架呈现出来,以便进行可视化思考,我们可以采取两种方式。一是打开Word文档中的导航窗格,在导航窗格中显示各级标题,从而使论文框架一目了然。二是在文首添加一个全文目录。第一种方法的好处是在点击标题的时候，可以马上定位到相应正文的位置。但在标题较长的情况下，可能显示不完整。第二种方法的好处是标题能够完整显示，但不足之处在于看不到相应的正文。我们可以根据自己的偏好，来选择呈现全文框架的方式。

在着眼于论文初稿的框架，对其合理性进行推敲时，重点在于判断上下级标题、同级标题之间的关系是否符合逻辑、是否经得起推敲。在这一阶段进行的工作，本质上与构思相同。对现有框架进行深入思考之后，需要进行的调整通常包括三个方面。一是删减。有的部分与论文主题的相关性太低，这时候就要大刀阔斧、毫不犹豫地删除。如果保留这些部分，就会破坏论文的结构，画蛇添足。尤其是在论文的开头、结尾等比较显眼的位置，不能有与论文主旨关系不大的篇幅。相比之下，如果论文的主体部分有与主题关系不大的部分文字，则其对论文结构的影响较小。二是增加。通过分析上下级、同级标题之间的关系，有可能发现缺失了一些部分，在这种情况下，则应当增加。三是调整位置。论文的每一个部分都应被安排在最恰当的位置。因此，一个部分的位置可以前后调整，对应的标题可以调整为上一级标题或下一级标题，又或某一个小标题，也可以移到另一个部分作为一个小标题。通过完善框架，我们以尽可能合理的方式对论文各个部分进行排列组合，以取得理想的论证效果。

三、内容

（一）逻辑

确定框架之后，开始修改正文的内容。每次应当将一个标题之下的所有段落纳入视野,要思考它们是否围绕标题展开,之间的起承转合是否自然。如果各段之间的关系不协调,可以进行适当调整,如调整段落的位置,加上一些过渡性的表述。厘清了段落之间的逻辑关系,再开始对每一个段落进行修改。

段落应当围绕其中心大意展开。如果句子之间有全部或者部分重复,则应当予以合并。如果段落内的句子前言不搭后语,则应当判断有关句子是否与中心大意有关,若无关则删除。与中心大意有关的句子,应当按照时间、空间、程度或者任何其他内在逻辑顺序组织起来。①

---

① 在此,笔者以对本书中的一段文字的修改来举例说明。
修改之前:
论文写作需要保持专注,尤其在构思、写作初稿的阶段,不专注则很难取得进展,而一旦自己的专注状态被打断,往往也需要较长时间才可能重新进入状态。但是,关注周边风吹草动,而不是将注意力集中在一个事情上,是写在人类基因之中的,已经成为我们的本能。在几百万年的进化史中,人类的祖先生活在危险的环境中,能否在足够短的时间内觉察并逃避危险,是一个生死攸关的问题。尽管和维特根斯坦作为士兵在一战前线中撰写《逻辑哲学论》不同,我们通常在安全的环境下写论文,无须防备各种危险,我们恰恰需要保持专注,以提高效率,但是,我们的大脑仍然不受控制地像机械扫描雷达一样,对周围环境不间断地进行"360度扫描",一旦发现任何动静,就会对其予以特别关注,从而导致分心。为此,我们可以屏蔽干扰、采用番茄工作法、进行自我激励,以达到和保持专注状态。
修改之后:
在几百万年的进化史中,人类祖先生活在充满危险的环境中,必须迅速觉察危险并马上作出逃跑或者战斗的决定,否则有性命之虞。因此,关注周边的风吹草动,而不是将注意力集中在一个事情上,是刻在人类基因中的习惯,已经成为我们的本能。然而,这给我们的论文写作带来了困扰。与维特根斯坦在第一次世界大战前线撰写《逻辑哲学论》不同,我们通常在安全的环境下工作,无需刻意关注周边潜在风险,而是应当保持专注。为了推进论文写作,我们通常可以通过屏蔽干扰、采用番茄工作法、进行自我激励等方式达到保持专注的目的。

(二) 细节

在写作初稿时,经常会遇到一些有待核实的细节。修改内容时,就应当对这些细节进行核实。例如,如果之前根据印象对有关学者的观点进行了转述,为了确保准确,就应当找到相应的文献进行核实。

四、语言

内容修改完成之后,开始对语言进行修改。语言表达有两个层次,一是通顺,二是有文采。其中,语言通顺是最低要求,如果在此基础上还能够有文采,则会让论文增色,锦上添花。

(一) 通顺

论文的语言表达应当通顺。具体而言,论文应当尽可能消除错别字,避免语病,符合汉语表达习惯。在这方面,尤其需要注意避免以下三个不足。

一是矫揉造作。这个问题在初学者中比较常见。虽然论文行文不应当口语化,但这方面也不能矫枉过正。初学者容易在尚不能够熟练驾驭的情况下就使用书面语,写出不同成分之间相互修饰、结构复杂的句子,有时候还过多采用被动语态,导致论文初稿中存在大量拗口长句。在修改语言时,应当确保句子按照主谓宾的顺序表达,减少不必要的修饰,尽可能将被动语态改为主动语态。如果长句令人费解,则将其修改为较为简单的短句,在需要时可以保留口语化的表达。

二是表述累赘。论文行文应当简练,因此,删除之后不影响意思表达的句子、字眼、标点符号,就像身上的肥肉,均为多余,应予删除。在特定语境之中,如果省略特定句子成分不会引起误解,则可以适当省略。例如,如果一段话中都是同一个主语,则在第一句中出现主语之后,只要结合上下文不影响理解,后面都可以直接省略。

三是用词单一。在论文初稿中,如果相同的用词经常出现,会导致审美疲劳,因此,用词应当有一定的变化。其一,要尽量将自己要表达的意思细化,使用最精确的词语。其二,如果确实需要多次表达同一个意思,则应当采用一些相同含义的表述,以避免过于频繁地使用同一个表述。

(二) 文采

法学论文写作与翻译类似,也讲究"信、达、雅"。于论文而言,语句通顺、言必有中即符合基本要求。如果能在一语中的之际还有文采,则能够让读者印象深刻,增加阅读乐趣。那么,如何让学术论文的语言在严肃之余又不失才情呢?根据笔者的粗浅观察,使用一些恰当的比喻可以让论文语言增色不少。例如,冯·基尔克将《德国民法典》中作出的少许保护弱者的规定比喻为"几滴社会主义的润滑油"①,林来梵教授借用黑格尔曾经用来形容哲学家的说法称国内宪法学者是"绿原上啃枯草的动物",都是这方面的典范。

---

① 〔德〕K.茨威格特、〔德〕H.克茨:《比较法总论》,潘汉典等译,法律出版社2003年版,第226页。

五、格式与脚注

应当对论文的格式和脚注进行修改。通常来说,学位论文、期刊投稿论文都有其固定的格式,根据其要求来调整格式即可。相比之下,应当将较多精力倾注于脚注。对于引注,要注意遵守相关的学术规范。①

---

① 参见法学引注手册编写组编:《法学引注手册》,北京大学出版社2020年版。

第六章 调 控

随着修改工作的结束,论文写作任务也就完成了。之前我们对选题、收集与阅读文献、构思、初稿写作、修改等环节分别进行了探讨。除此以外,有一些问题是贯穿论文写作全过程的,也需要我们加以调控。在这种问题中,我们需要特别注意把握进度和文档保存。其中,把握进度主要通过合理分配时间、对进度进行记录来完成。下文分别对分配时间、记录进度、写作工具和保存文档进行探讨。

一、分配时间

研究生在进行论文写作时,往往一开始不着急,随着截止期限的逐渐逼近而紧张起来,越到最后越忙,甚至达到焦头烂额的地步,最终提交一个来不及修改完善、更接近初稿而非定稿的版本,勉强应付。在所提交的版本中,甚至还存在较多错别字、病句等低级错误。如果有充足的时间,作者本可以自行修正框架、内容和形式上的很多不足。导致这一结果的原因,基本上是时间分配不合理,将大部分时间分配给初稿完成之前的阶段。根据笔者的观察,在实践中,研究生将80%甚至更多时间用于从选题到初稿写作的工作,以致几乎没有时间进行修改,从而导致提交的版本中往往还存在非常多低级错误。为了避免这种结果,在整个论文写作过程中,应当做到合理分配时间,并做好进度记录。

论文写作包括选题、收集和阅读文献、构思、写作初稿、修改等阶段。应当合理地将可支配的时间分配到这几项工作中。在确定论文写作任务之后,就应当判断自己有多少可支配时间。我们建议,将50%的时间用于从选题到初稿写作的工作,将40%的时间用于修改,剩下10%的时间作为缓冲。对这一时间分配方案,有三点需要作出特别说明。

首先,关键并非增加总的时间投入,而是在可支配时间既定的情况下进行合理分配。在大部分情况下,时间是有限的,无法增加。如果无论有多少时间,都将80%以上的时间投入初稿写作之前的工作,则仍然不能够避免定稿质量较低的问题。就此而言,其实存在一个帕金森规律:给自己多少时间,就会用多少时间来做一件事情。实际上,用较少的时间也能完成一件事情,而完成的质量可能还并不差。因此,就论文写作而言,无论把可支配时间的50%还是80%以上用于初稿写作以及之前的工作,最后初稿的质量可能相差并不太多。在论文写作全过程中,恰恰是对初稿的修改能够大幅提升最终论文定稿的质量。在一定程度上,初稿相当于毛坯房,而修改则类似装修。没有装修的毛坯房,其观感当然是非常差的。

其次,用50%的时间完成包括选题、阅读、构思和写作初稿在内的工作,与一些研究生的认知相冲突。应当将大部分时间投入构思,在思考成熟之后再动笔的观念仍然在一些人的脑子里根深蒂固。然而,前文关于初稿写作的讨论中已经指出,如果不动笔写作则对一个主题的思考永远不会成熟。动笔之后,把一些想法写下来，往往也会催生一些其他的想法，从而使思考能够越来越深入。

最后，留出 10% 的时间作为机动，是有必要的。在论文写作中，可能遇到难点，需要花费较多时间才能取得突破。在论文写作之外，生活中也有可能出现一些预料之外的、需要花费较多时间处理的事件。我们不能未卜先知，无法预见所有可能发生的意外。如果一开始的时间安排没有留下任何余地，则万一出现意外，论文就无法按期完成。如果一开始就将 10% 的时间作为缓冲，那么，出现意外之后也不至于手忙脚乱。如果不发生任何意外，论文可以提前完成，或者将剩余的时间投入论文修改，做到精益求精，"百尺竿头，更进一步"。在笔者的印象中，若干年前发生过一次比较极端的情况。一位硕士生在提交毕业论文时，错过了截止期限，面临推迟毕业、无法按时入职的风险。在这种情况下，学生的父母来到学校，上上下下找人，软硬兼施，要求学校在截止期限之后违规接收学生的论文。只要这位学生当初给自己留下了一点缓冲时间，都不至于陷入后续的狼狈境地。

二、记录进度

(一) 记录的功能

初学者往往不了解自己的写作进度，写作过程处于随机状态，既不知道自己已经投入多少时间、完成了多少工作，也不知道后面还需要多少时间、有多少工作有待完成，论文写作显得长路漫漫，遥遥无期，看不到头。如此一来，在整个论文写作过程中往往动力不足，也没有一定的掌控感。如果没有截止期限，论文就可能一拖再拖，成为一个遥遥无期的"烂尾楼"。如果写的是毕业论文等有截止期限的论文，就往往容易拖延到截止期限临近之时，到最后不得不加快进度，手忙脚乱，而在这种状态下草草写完的论文，也往往达不到自己本来可以达到的个人最高水平。

有鉴于此，我们主张简单记录每天投入的时间和所处理的工作，让自己在任何阶段都对已经完成的、尚未完成的工作一览无遗，能够看到胜利的曙光。根据记录，就可以判断自己的进度是否符合计划，并在两者不一致的情况下，要么适当调整进度，要么调整原定计划。通过这一方式，我们可以掌控进度。

通过记录进度并将其与计划进行比较，进行调整，以实现对进度的掌控，这是记录进度的主要功能。此外，记录进度还有三个不容忽视的功能。

首先，记录进度容易让自己有阶段性的成就感，经常得到心理满足，从而让我们能够以更加积极的心态进行论文写作。在心理学上，区分即时满足和延迟满足。所谓即时满足，是指做一件事情之后马上能够得到的满足。这种满足感，就能够激励人们从事这类事情。换言之，如果一个行为能够马上带来满足感，则人们通常会乐此不疲。所谓延迟满足，是指做一些事情之后在较远的将来得到的满足。在遥远的将来才带来满足的任务，往往无法在当下对个人提供充分的激励。在从事带来延迟满足的任务时，因为缺乏激励，人们通常动力有限。毫无疑问，论文写作就属于延迟满足的任务，只有在论文定稿的时候，才带来如释重负的成就感。那么，通过记录进度，就能让自己确认每一天、每一个阶段的进展。点点滴滴的进展,尤其是完成一个阶段的工作之后的进展,都能够带来一定的满足感。因此,记录进度,对于提高自己的干劲有一定的帮助。

其次,对自己写作论文的时间投入和进展进行记录,就能够让自己相对清晰地了解写作的速度,从而在未来有论文写作任务时,能够制订切实可行的写作计划。例如,写学期论文时进行记录,就可以为未来制订毕业论文写作计划打下基础。

最后,记录自己每天在什么时间进行论文写作并取得了什么进展,便于自己事后统计和分析时间的实际支出情况,而对进展的记录则能够帮助自己了解自己的效率如何,进而帮助自己发现自己在什么时间进行写作效率较高。这些信息,对于优化个人时间管理具有重要意义。

(二)记录的方法

那么,应当如何记录进度呢?在形式上,没有一定之规,可以采取不同的方式,电子和手写均可,采取适合自己的方式即可。在内容上,我们可以大致记录当天投入多少时间,具体做了什么工作。通常而言,一两分钟就可以完成这一记录。

此外,一旦开始写作初稿、修改稿,如果采取每天另存为一个文件的方式,则这些文件本身也是一个记录。一打开存储了这些文档的文件夹,就可以看出来哪些天进行了论文写作,以及每一天大致的工作内容。这样就能够一目了然地知道自己是从什么时候开始写的,每一天的进展是什么,什么时候有多长时间的中断,自己的进度如何,以及按照这个进度,大致是否能够如期完成,是否需要加快进度。

三、写作工具

有一个容易被忽视而又非常重要的问题：是使用电脑还是纸笔来进行论文写作。随着电脑的普及，在电脑上打字已经在很大程度上取代了手写。在电脑上打字速度快，方便编辑和修改，而手写速度慢，不便于修改，最终仍需把手写的内容录入电子文档，因此，从头至尾用电脑写作似乎是不言而喻的选择。

然而，手写还是有其独特优势。在电脑上，我们可以方便地逐字逐行输入文字。如果已经知道了自己要按照何种思路表达什么内容，则电脑输入具有独特优势。但是，如果不知道自己应该写什么，而是要思考写什么内容、按照何种思路来展开，则手写具有不可小觑的优势。在手写时我们通常能够更为自由地思考，更高效地梳理自己的想法。借助纸笔，我们可以把大脑中想到的要点用文字、符号、示意图等写在或者画在纸上，可以把重要的内容画上方框围起来，用箭头连接相关想法，方便地梳理它们之间的逻辑关系。尽管原则上我们也可以用一些应用（如思维导图软件）在电脑上进行自由编辑，但通常没有手写方便。基于这一考虑，我们建议在论文写作的全过程中，灵活地在电脑和纸笔之间切换。只要在电脑上进行文字输入陷入停顿，马上用纸笔来梳理思路。一旦找到了思路，就可以切换回电脑，记录下相关内容。

四、保存文档

丢失部分或者全部文档，是论文写作过程中的常见意外。吊诡的是，无论主观上如何重视，丢失文档的事情好像仍然注定会发生。不过,重视保存文档能够降低发生这个意外的频率和意外本身的严重程度。下文先归纳丢失文档的三个常见原因,之后再探讨可以采取哪些措施。

丢失文档的常见原因,分别是失去载体、错误删除、忘记保存。一是**失去载体**。无论是手写论文还是在电脑上写作论文,论文都存在于一定的纸质或者电子载体之上。如果丢失载体,则"皮之不存,毛将焉附",自然也就一并丢失论文。笔者在上大学之后,在新生入学教育中听了学校图书馆组织的一个讲座。报告人强调在图书馆自习要注意防盗,其举的例子就是一名研究生把自己的论文放在书包里,书包被盗,导致其不得不重写论文,最终推迟毕业。如果仅仅把论文存在一台电脑中,则一旦电脑被偷,或者硬盘损坏,就失去了论文的载体,导致文档丢失。二是**错误删除**。在整理文档时,有可能会不可撤回地删除部分文字,而在事后觉得这部分文字可用时,则无法再找到相应篇幅。同理,在整理文档的时候,如果错误地彻底删除文档,也将导致文档丢失。三是**忘记保存**。在用纸笔工作的情况下,无需特意保存文档。一旦把想法诉诸纸面,相关内容就已经固定下来了。然而,在用电脑写作的时候,如果在工作结束的时候不及时保存文档,则前一次保存之后所写的内容不会被保存下来。一旦直接关机,则新写的部分就荡然无存。

为了避免文档丢失,就要针对可能导致丢失的原因采取针对措施。对于丢失载体的风险,我们要高度注意。一方面,要注意对纸质和电子载体的保存,不要乱放,导致事后难以找到。另一方面,尤其是在公共空间使用笔记本电脑工作时要注意防盗。对于被错误删除的危险,可以有意培养自己不删除的习惯。如果我们认为一段文字、一个文档无用,通常有将其予以删除的心理冲动。我们要尽量克服这一冲动,即便一些内容和文档看似毫无用处,没有任何价值,也不要删除,但可以将其另存,眼不见心不烦。针对忘记保存的危险,则应当培养结束一天工作之后进行保存的习惯。

如果我们所使用的写作软件具有云同步的功能,则可以进行云同步,把论文初稿保存到"云"上,这样就能够在一定程度上降低丢失文档的危险。即便丢失了电脑,也不会丢失文档。此外,如果设置了适当的自动同步频率,则在忘记保存的情况下,只会丢失最近一次同步之后新写的内容。此外,我们结束每天的工作之后,可以将文档另存为一个新文件,文件名为论文名称和当天日期。每次开始写论文的时候,打开最新的文件,在这上面继续写作。采取这种做法,就使得自己至多丢失当天的工作内容。此外,采取这个做法还有两个意外的好处。一是对于一些当下认为无须保留的内容,可以大胆地删除,而在事后认为需要的时候,可以在更早的版本中予以恢复。这就使得在论文写作中能够更加大刀阔斧地进行论文修改。二是因为每天都将论文保存为一个新版本,所有版本都存放于一个文件夹,所以在文件夹中就可以一目了然地看到自己在哪些天从事了论文写作,有助于了解和掌控自己的论文写作进度。

下卷

时间管理方法

上卷介绍了法学论文写作的方法,尤其是写作者在各个阶段可能踏入的陷阱。理论上,基于对论文写作方法的了解,我们就能够开始这一工作。然而,从"知"到"行",往往是人世间最遥远的路途。基于自身体会和对他人的观察,笔者认识到,从知道如何写论文到真正完成论文,通常还需要战胜四个挑战:一是没时间;二是身心状态不佳,不能专注;三是诸事缠身安排不当,"东一榔头、西一棒子",碌碌无为;四是"拖延症"发作,无法行动。下卷就如何克服这些困难,分别进行探讨。

第七章　赢得时间

一、困惑

日常生活中,往往有很多事情同时等待处理,经常一件事情还没有了结,下一件事情又来了。这就导致我们终日疲于应付,焦头烂额。由于各种事情占用了大量时间,留给论文写作的时间往往就非常有限了。高校师生都是如此。就教师而言,在生活中,他们"上有老下有小",在抚养小孩、赡养老人的过程中需要妥善安排和处理各种事情。在工作中,首先要保证投入足够时间备课、授课,以完成教学任务。尤其在上一门新课的时候,需要投入大量时间用于备课。在照顾家庭、从事教学之外,剩下的时间才可以被用于科研。与教师相比,研究生的优势是非常明显的,就是"一人吃饱全家不饿",一般没有家庭负担。但安排好自己的生活起居也需要投入时间。研究生三年中,前两年的课程学习任务比较繁重,用于自由支配的时间有限。到了毕业年份,虽然通常已经修完了全部课程,理应专注于撰写毕业论文,然而,就业问题又迫在眉睫。到处实习、参加各种培训、准备并参加各种笔试面试等也使可支配时间寥寥无几。总而言之,没有充分的时间进行论文写作是老师与学生共同的感受。

然而,在我们疲于应付各种事务而苦于没有时间写论文的同时，却也有人把论文写作做得风生水起、成绩斐然。甚至，越忙的人其产量和质量往往还越高。可见，所谓没有时间写论文是一个伪命题。时间对所有人都是公平的，每人每天都有 24 个小时，区别在于投入在论文写作上的时间有多少。归根到底，所谓没时间写论文，实际上就是其他事情用时过多，挤占了本可以用于论文写作的时间。解决此问题的出路就是调整时间分配，把做其他事情的时间转而用于论文写作。为此，我们需要对实际支出的时间进行记录，了解时间都投入什么事情上了。在此基础上，分析自己在哪些事情上投入了太多或者太少时间，并进行相应调整。只要按照时间投入与任务的重要性成比例的原则，减少在不重要的事情上所投入的时间，就能够赢得时间用于论文写作。基于这一思路，下文先探讨如何记录时间支出，之后探讨可以采取哪些对策来优化时间支出。

二、记录

(一) 对象

在对时间支出进行记录[①]时，需要注意两个方面，一是要记录全部时间支出，二是要记录自己在一定时间的成果，以便判断自己的效率。

其一，记录范围应当是全部的时间支出。一个常见的误解是，我们只需要记录自己在工作或者学习方面的时间支出。然

[①] 关于如何记录自己的时间支出，参见〔苏联〕格拉宁：《奇特的一生》，候焕闳、唐其慈译，海燕出版社 2001 年版。

而,记录的目的是发现哪里存在可节约的时间,在工作和学习之余也存在大量的弹性时间。而且,鉴于工作、生活密不可分,我们最好将一天 24 小时都纳入自己的视野。同理,工作日和非工作日(周末、寒暑假、法定节假日)也应当被纳入记录范围。做好工作日的记录,其重要性自不待言。需要注意的是,对非工作日的记录也非常重要。对高校师生来说,周末、法定节假日、寒暑假加起来大致能够达到 200 天,超过了半年。因此,如果只关注工作日,就会将半年左右的可支配时间排除在视线之外。

其二,不仅要记录自己的时间支出,还要酌情记录所取得的成果。对于一些事项,只存在做了还是没做的区别,无所谓效率高低。但对于另外一些事项,则存在做得好与不好的区别。对于此类事务,在记录时间投入的同时,还要记录一下自己取得的成果,这有助于自己判断时间利用效率。例如,如果记录了自己在不同时间进行论文写作时,所取得的单位产出是不同的,就有可能发现自己在一天中哪个时段写论文效率最高,这对优化自己的日程安排会有帮助。笔者曾经与慕尼黑大学法学院的一位德国博士生进行交流,她就用随时记录的方法,发现上午的 10 点到 12 点是自己写博士论文效率最高的时段,从而特别注意把这段时间用于论文写作。

(二)方法

为了准确记录时间支出,应当采取适当的方法。需要特别注意的是,日记并非适当的记录方法。通常日记用于记录当天印象深刻的经历,以及个人的一些感想和体会,偏向散文与记叙文类型,并不适合用于精确记录一天依次做了什么事情,因此,我们不应当借助日记来记录时间支出。

记录的关键,是尽可能准确、无缝隙地记录自己在一天中做各种事情的起止时间。原则上,应当从起床开始,到晚上就寝结束。记录的手段,可以是电子方式,也可以是手写。具体方式无所谓,但关键是记录要准确、完整。通常而言,在电脑上进行记录,方便事后总结、归纳、分析,但缺点是当电脑不在身边的时候,无法及时进行记录。相比之下,备好纸笔,方便随时随地进行记录,但在进行总结分析的时候较难做到一目了然。笔者建议将两者相结合,即当电脑在身边时,用电脑记录,否则就用纸笔记录,事后再输入电脑,从而使自己在电脑上有完整记录。

(三)分析

对时间记录进行细致分析之后,我们可以发现时间最终无非有四个去处:一是没有做任何事情,时间白白流逝;二是做了本应拒绝之事;三是我们做了本应委托他人之事;四是做了应做之事。在这四种不同的情况下,我们可以分别采取一些对策,来缓解乃至解决"没有时间"的问题。

三、对策

(一)提前计划

时间和金钱都属于稀缺资源,同时,两者也存在一个重大区别。金钱如果不支出,则还留在自己手里,可是时间日复一日地流逝是不可阻挡的。在任何时候,如果我们没有提前确定要做什么,则难免无所事事,虚掷时间。为了避免这种情况,提前计划自己在什么时间应当做什么事情,就具有重大意义。

我们既要对整块时间做好计划,也需要对碎片时间做好计划。通常而言,我们都会重视安排好自己的整块时间,但容易忽视对碎片时间的利用。每天总是有一些碎片时间,从一天来看,其总量比较有限。然而,集腋成裘,聚沙成塔,在人一生的长度中,碎片时间的总量是非常可观的。每天1分钟的零碎时间,乘以365天,就是365分钟,足足六个小时零五分钟,几十年下来,则更为可观。因此,我们也应当对碎片时间做好计划,如确定一些适合在碎片时间做的事情,聪明地利用碎片时间培养个人习惯。

总之,通过提前计划,将整块时间和零碎时间纳入时间预算,我们就能够避免因为无所事事而浪费时间。

(二)善于拒绝

分析时间支出的实际情况之后,我们往往能够发现自己用一些时间做了本应拒绝之事。显而易见,如果没有做这些事情,则自然会有更多时间从事论文写作。因此,我们要做到善于拒绝。要根据自己未能拒绝的两种不同情况,采取更有针对性的做法。

第一种情况是目标感不强,安排自己做的事情意义有限。在这种情况下,当面临一个选择时,往往就基于"反正我的事情也没那么重要"的心理,未能坚决予以拒绝。相反,如果自己正在为一个重要目标努力,则自然能够对重要性较低的事情说不。因此,我们要明确目标,让重要的事情占据自己的日程。

第二种情况是为了维持情面而勉为其难地答应他人的请求。助人为乐是一种美德,但不可无限度地牺牲自己的时间,对他人的请求应当做出区分,特别是要和自己的事情之间做一个权衡。如果答应他人的请求会严重影响个人的时间安排,并且对方之前并没有在类似情况下给自己提供过帮助,那么,按照对等原则,我们就应当善于拒绝。通常而言,如果明示自己正在或将要进行的安排,而后拒绝,他人一般能将心比心,也能够理解、支持。在这方面,笔者的学生赵冠男的做法堪称典范。她一上研究生,就决定要学习德语,而为了能够对普通法有较深刻的了解,还计划在研究生第二年去美国读一个 LLM 学位。她目标明确、志向远大,目标具有挑战性,需要保证自己的时间不被分散。入学之后,她主动"告诫"笔者,本科生阅卷之类的事情不要找她,笔者对此表示理解并"遵照执行"。后来,她以德福满分的成绩,为自己的德语学习画上了句号,之后飞赴美国一所名列前茅的法学院攻读 LLM 学位,用一年时间完成学业并通过纽约市律师资格考试,顺利实现了这些看上去几乎不可能的目标。

(三) 委托他人

有一些事情很重要,不能拒绝了事,然而,自己可能并非完成这些事情的最佳人选。如果能够委托他人,则自己能够腾出相应的时间和精力。某种意义上,我们在市场上从事的每一次交易,都运用了委托的原理。我们付出一定的代价,请专业人士为我们高效服务。我们只去做自己相对擅长的任务,而不是"事倍功半"地去做所有事情。通过将一些事情委托出去,我们就得以节约相应的时间。就电脑小白而言,修理电脑就应当委托专业人士。当然,作为电脑的使用者,我们应当学习一定的 IT 技术,但也要注意这方面的收益递减现象。当我们投入在学习 IT 技术上的时间超过一定限度之后,所带来的回报就得不偿失了,此时应当向专业人士求助。

当然,委托他人的前提,是有关任务在性质上能够委托他人。笔者在这方面走过一些弯路。笔者的博士生陈旭东文笔好,笔者曾经将一个新闻稿的初稿交给他,由他丰富、润色,他完成得非常好。后来笔者把搁置已久的本书的雏形给他,委托他整理。但提供给他的文本只是一些标题以及相关的素材,相应的构思和初稿写作都没有完成。后来他花了不少时间,对第一章的内容进行加工,尽了很大努力,但最终还是未能整理出一个较好的版本。事后笔者认识到,这一工作其实是必须自己进行的,无法委托他人。

(四) 提高效率

对时间记录进行分析,还能够发现在一些时间内我们做了应做之事。那么,着眼于这一部分,我们可以通过两个办法让自己拥有更多时间。一是缩短时间,从而将部分时间节约出来用于其他重要的事情;二是妥善安排,争取在做一件事情的时候达到多个目的。

1. 缩短时间

在生活、学习、工作中,如果缩短投入在一件事情上的时间,自然也就赢得了更多时间。我们在此探讨在饮食和睡眠方面节约时间的空间。之所以选择饮食和睡眠,是因为我们每天都必须做这两件事情,如果能在这两个方面找到节约时间的空间,则马上可以赢得更多可支配时间。需要声明的是,笔者并非主张废寝忘食,而是认为任何事都过犹不及,我们应当遵循中庸之道,将饮食和睡眠时间控制在合理范围内。

赴德国留学之前,笔者一直认为在饮食上所花的时间是刚性的,没有可节约的空间,但这一认知在德国求学期间受到冲击。有一个学期,笔者上导师 Rolf Stober 教授每周一 10∶15 到 11∶45 的"经济行政法"课程。导师每周一早上 4 点多起床,从两百多公里以外的明斯特坐早班火车到汉堡,10∶15 准时在教室神采奕奕、充满激情地上课,直到 11∶45 点下课。第一次下课之后,笔者和导师汇合。笔者原想,午饭时间已到,导师该"进膳"了,他是去食堂还是去餐厅呢?没想到导师约笔者跟他一起去研究所,路上他从背包掏出一个锡箔纸包好的东西,笔者看着挺神秘。导师剥开锡箔纸之后,竟然是根胡萝卜!导师边走边吃,等走到办公室的时候胡萝卜也吃完了,然后开始处理各项事务。一根胡萝卜就是他当天的午餐,这大大冲击了笔者对饮食的看法。原来,一天三顿饭并非雷打不动,一根胡萝卜也可以当一顿午饭。如果这样的话,能节约多少时间啊!从此,笔者对饮食进行了一些研究,更新了认知,并拓展了在饮食上节约时间的空间。笔者目前的看法是,如果体重处于理想水平,则应当使摄入和消耗的能量在总体上保持均衡。我们无需在每一餐、每一天的进食中保持均衡,而是可以灵活处理。具体而言,上一顿多吃(但不吃多),下一顿可以少吃或者不吃;早晚多吃,中午可以少吃或者不吃(后来从导师处了解到,他并非一天三顿只吃三根胡萝卜——否则,用他自己的话来说,"那样的话就成兔子了",他只是来大学办公的时候,早晚稍多吃一些,中午吃一根胡萝卜了事);前一天多吃,第二天少吃;有人请客时多吃,没人请客时少吃。甚至,像康德一样,一天只吃一顿也未尝不可。根据由此得到的启发,笔者在确保营养均衡的前提下,早晚多吃一些,中午少吃或不吃,这样中午就节约出了不少本来用于"进膳"的时间。考虑到我国成年人中超过一半超重或者肥胖，本来就应该节食，对很多人而言，在饮食上还有很多节约时间的空间。

在睡眠方面同样如此，投入的时间应当适当，过犹不及。我们不应当通过一味减少睡眠时间来赢得更多时间，而是应当致力于如何避免睡眠时间过多。要避免睡懒觉，完全通过意志力是靠不住的。如果只是设置了一个闹钟，则我们往往在闹钟响起时将其关掉，翻个身继续睡。因此，为了让自己不睡懒觉，应当采取一些针对性措施。在尝试各种办法之后，笔者目前采用的办法是设定两个闹钟，第一个闹钟伸手可及，声音很小，响了以后可以方便地关掉；第二个闹钟则晚三分钟响，放在起床之后才能够得着的地方，设置成最大音量，一旦响起来会地动山摇、天崩地裂，导致"天怒人怨"、"人神共愤"。第一个闹钟的目的，就是让自己不得不起来去关掉第二个闹钟，而一旦起来之后，既然已经起来了，通常也就不会再回去睡觉了。需要注意的是，第二个闹钟一定要设置在第一个闹钟之后的几分钟，而不是相隔较长时间，否则第一个闹钟响了之后，还会觉得再睡一会儿之后起来关闹钟也不迟，而最后往往想着我就再睡一会儿，结果又睡过去了。除了晚上的睡眠，如果有午睡习惯，则对午睡时间也要加以控制。午睡时，笔者也设置两个闹钟。值得一提的是，笔者于 2019 年 8 月在韩国开会时见到德国公法史巨擘 Michael Stolleis 教授。他控制午休时间的方式非常特别：午休时坐在办公椅上，一只手攥着钥匙闭目养神，一旦要入睡了，手部肌肉放松，钥匙落地，就醒过来，结束午休，继续工作。

当然，我们不仅应当在饮食、睡眠方面看看有无节约时间的空间，原则上，在做所有事情的时候，都要反思是否有可能用更短的时间来完成相关事务，以赢得更多时间。

2. 一石多鸟

在一些情况下，我们在做一件事情时，可以通过三种办法，追求一举多得的效果。

首先，有时候我们可以在同一时间做两件事情。一般而言，一心不能二用，在同一个时间只能专注于一件事情。但是，有一些事情是纯粹的体力活动，基本不费脑力，在做这类事情的时候，大脑处于空闲状态，就可以同时从事需要脑力的活动。按照这一原理，就可以在从事身体活动或者体力劳动的同时，让自己的大脑转起来，也就相当于节约了相应的时间。例如，坐地铁、火车、飞机的时候，可以阅读；在走路、跑步、做家务时，可以听音频节目；师生的交流，可以在一同散步时进行。通过这些做法，时间就得到了充分利用。

其次，我们可以通过巧妙安排，使得做一件事情能够达到多个目的，起到做几件事情的效果，无形中相当于时间翻了几倍。例如，出行的时候，如果距离较短，可以选择快走或者慢跑，这就同时兼顾了出行和锻炼的需求，从而也就不用单独安排时间锻炼。笔者在自己的女儿上小学之后，一度每天傍晚去接她。从笔者的单位到女儿的小学有 7 公里的距离，笔者选择慢跑过去，从而也就顺便完成了当天有氧运动的锻炼目标。[①] 对稍微远一些的

---

① 笔者还为此写了一首打油诗，摘录如下。
《接闺女放学》
自法大出发，（转下页）

地方，笔者往往选择骑自行车前往。① 快走、慢跑的时候，还可以用手机播放一些音频节目，如新闻联播、外语新闻。如此一来，同一时间，就做了通勤、锻炼、听音频三件事。

最后，对一个劳动成果，我们可以重复利用，从而使之前的时间投入能够带来多次回报。我们先从生活、工作中的例子说

（接上页）顺车流，
　　沿小河，
　　走街串巷，
　　奔跑七公里，
　　抵达小学，
　　接闺女回家。

　　春去秋来，
　　寒来暑往，
　　日复一日。

　　冬日零下，
　　跑到小学，
　　衣物尽湿。

　　僻静处更衣，
　　脱下瞬间，
　　热气腾腾，
　　云蒸雾绕。

　　如同馒头出笼，
　　更似仙人下凡~

① 因为着装比较随意，佩戴头盔，还曾被误以为快递员。有一天从蓟门桥出发，骑自行车十几公里，抵达使馆区，准备就德国宪法法官出席中德宪法论坛、德国莱法州前州长访问中国政法大学、德国前司法部长来中德法学院授课并率领联邦议会议员代表团来访、中国政法大学本科生到德国联邦议会实习等事项，与德国某驻华机构负责人会谈。笔者穿着运动装，背个大包，头戴自行车头盔，气喘吁吁地按门铃，开门的女士春风满面，笑靥如花，热情洋溢地问道："我的快递到了？"

起,再来探讨在论文写作中可以如何运用这个原理。在**生活**中,有一些事情具有周期性,日复一日地由我们处理。对这类事务,我们可以通过深思熟虑得出一个最优方案,之后再次面临这个问题的时候,依赖过往经验即可,从而避免了重复决策占用时间。例如,一劳永逸地决定在什么场合穿什么衣服,就无需每天花费时间考虑"今天穿什么"的问题。又如,如果确定了一个每日默认日程,就不用每天考虑"今天干什么"的问题。在**工作**中,这一原理也有很大的适用空间。自己写的随笔等文字,可以酌情用于其他场合。笔者有一次在校内提交申请的时候,附上了自己之前发在朋友圈的内容,或许对最终申请成功的结果产生了积极影响。[①] 此外,举办一次活动所形成的方案,可以在后续活动中适

---

① 2023年秋季学期,中国政法大学评选校级本科一流课程,笔者提交了申请。其中,申请表的最后一栏中要说明课程的受欢迎程度。恰好笔者之前写了一首打油诗,能够从一个侧面非常可信地说明课程的受欢迎程度。笔者在申请材料中加上了这首打油诗,特此附上。当然,把这首打油诗放到书稿中,又算再一次利用了。

《选课》
下学期开设全英文"比较宪法",
在这门课程上我倾注心血,
反复打磨,
只为不误人子弟。
一名学生怀着悲痛的心情告诉我,
只有两人选课,
ta 是其中"半壁江山"。
在中国政法大学,
选课人数低于五人无法开课。
零七年从教,
混到这个地步,
可悲可叹,
看来该转行了。
转行干什么?(转下页)

用。笔者从 2010 年开始每年组织一届中德宪法论坛。组织工作

(接上页) 持有德国银级救生员证书,
　　当救生员不错,
　　免费游泳还给钱,
　　夏天到海边英雄救美,
　　还挺浪漫。
　　读博士时给留学生理发,
　　除了一次该用牙剪,
　　却用了普通剪刀,
　　在朋友头上挖了一个狗啃洞,
　　其他都还好,
　　给德国朋友 Doron 剪发,
　　他在酒吧真金白银请我喝啤酒,
　　以此表达对我手艺的崇拜。
　　做饭也还行,
　　蛋炒饭能骗骗外国人,
　　当厨师也是个出路。
　　儿女跟我血脉相连,
　　休戚与共,
　　纷纷出谋划策。
　　儿子建议我搞装修;
　　女儿指了两条光明大道:
　　帮人搬家,
　　或者,
　　我普通话不好,但打字快,还能跑,
　　可以去公安局当打字员,
　　闲时帮警察抓小偷。
　　举棋不定,
　　选择多也麻烦。
　　德国谚语说,
　　Wer die Wahl hat, hat die Qual.
　　(谁选择,谁纠结。)
　　过了一周,
　　"半壁江山"同学欢欣鼓舞告诉我:
　　这门课火了!(转下页)

涉及选择会议主题,确定日期,邀请中外方参会学者,进行申报,安排会议场所、餐饮、翻译、摄像,收集会议论文,安排日程,安排会议资料打印,通知师生参会等大大小小的事务。所谓"魔鬼藏在细节中",任何一个细节的闪失,都会导致很大的不便。笔者在最初几届的会议筹备工作中,对每一个细节问题进行探索,最后固定了最为妥当的做法,在下一届会议的筹办工作中无需再费心思,而是遵照执行,这就使笔者对后来的会议筹办工作感到轻车熟路。在**论文**写作中,我们也可以主动运用这一原理,即在写完一篇论文的时候,看看能否在后续的写作中以某种方式来重新利用这篇论文。利用的方式不一而足,通常而言,在写作论文的过程中,自己对有关问题的认识逐渐深化。在此基础上继续写一篇相关主题的论文,实际上就利用了在写作前一篇论文的过程中所获得的知识。因此,对研究生而言,应当尽可能结合之前完成

(接上页)选课容量全满,
　　有同学没选上,
　　还发布广告,
　　看有没有人退课,
　　把机会让给 ta!
　　突然之间,
　　转悲为喜,
　　转行大计可束之高阁。
　　一五年高票当选法大优秀教师,
　　一八年当选法大首届"研究生心目中的优秀导师",
　　二三年学生为选课广而告之,
　　都给了我莫大激励。
　　三尺讲台,
　　一生耕耘。
　　定当不遗余力,
　　报答学子厚爱!

的学期论文,来进行毕业论文的选题,从而使得自己可以充分利用已有的研究基础,而无须另起炉灶。此外,如果我们写了一些并非论文的文字,也可以考虑是否在此基础上完成一篇学术论文。在这方面,笔者有一个成功的经验。2022年组织的中德宪法论坛请德国联邦宪法法院前法官Reinhard Gaier教授作了一个关于合宪解释的学术报告。为了让Gaier教授了解中国学界关于这一主题的研究现状,从而使其报告更有针对性,笔者收集整理了国内关于这个主题的代表性论文,于2022年4月份用德语写了一篇文献综述。当年,笔者应邀参加科隆大学Angelika Nußberger教授任院长的科隆大学人权研究院的成立典礼,笔者需要提交一篇论文。于是,在德文文献综述的基础上,笔者用德语完成了一篇关于中国法院如何进行合宪解释的论文,提交给研讨会。出乎笔者意料的是,Nußberger教授大为欣赏,主动提出可以在其参与主编的久负盛名的《当代公法年刊》(Jahrbuch des öffentlichen Rechts der Gegenwart)上发表。试想可知,如果笔者完成了文献综述之后,又另起炉灶写一篇论文提交给研讨会,则其质量往往也不会太高,得到发表机会的可能性几乎为零。而在完成文献综述的基础上撰写的这篇论文,就在很大程度上利用了之前的劳动成果,使前期投入的时间再次价值变现。

第八章　调整状态

在赢得充分的可支配时间之后,我们要采取一定措施,让自己处于良好状态。为此,应当按照"管住嘴、迈开腿、好好睡、心不累"的原则进行身体和情绪管理,并通过屏蔽干扰、采用番茄工作法、进行自我激励等方式进入和保持专注状态。

一、身体管理

健康的身体不仅是体力劳动,也是脑力劳动的前提。康德就长期受到便秘困扰,这导致他精神不集中甚至神志恍惚,影响了哲学研究。[①] 我们应当从均衡饮食、科学锻炼、规律作息入手,做好身体管理,让自己保持健康,远离疾病,精力充沛,从而能够可持续地进行论文写作。

(一) 均衡饮食

我们通过饮食摄入能量并获取人体所需的各种物质,合理饮食对身体健康具有不可忽视的积极作用。关于饮食,关键是做到均衡饮食,这主要包括两个方面。一是在摄入和消耗的能量之间保持合理水平,具体做法则取决于个人体重是否处于理想范围。

---

① 〔美〕曼弗雷德·库恩:《康德传》,黄添盛译,上海人民出版社2008年版,第278页。

中国成年人的超重率和肥胖率已接近50%,如果自己不幸属于这个群体,则应当节食,让摄入低于消耗,以便让体重下降到正常范围;如果体重处于理想范围,则摄入和消耗的能量应当保持均衡;体重偏低者应当多摄入食物,增加体重。二是所摄入各种食物之间的结构应当均衡。我们可以参考《中国居民膳食指南(2022)》,尽可能按照所推荐的平衡膳食宝塔的要求来摄入各种食物。①

要做到均衡饮食,最大的挑战往往是美食的诱惑。在生活中,健康又美味的食物比较少,健康的食物往往不美味,而美味的食物往往不健康。对于不健康的食物,我们没有必要绝对地敬而远之,而是要控制总量,适可而止,在享受美味和保护健康之间达到平衡。

(二)科学锻炼

在均衡饮食的基础上,通过科学锻炼,有助于让自己精力充沛,使身体处于良好状态,能够长时间胜任论文写作和其他工作。此外,我们还能通过体育锻炼获得健康体态,提升形象,收获自信,在就业、相亲等关键时刻加分。

在体育锻炼上,我们应当追求力量、耐力和柔韧性这三种素质,为此应当分别采取相应措施。一是通过力量训练增加肌肉。在这方面,一些伟人是我们当之无愧的榜样:江泽民同志在大学时经常与同屋的人在门框上比赛做引体向上,其最佳纪录是24

---

① 该宝塔把膳食分为五层,对每层相关食物的摄入量都作了推荐。第一层:盐不超过5克,油25—30克,糖不超过50克。第二层:奶及奶制品300—500克,大豆及坚果类25—35克;第三层:动物性食物120—200克。其中每周至少摄入两次水产品,每天一个鸡蛋;第四层:蔬菜300—500克,水果200—350克;第五层:谷物类200—300克,其中全谷物和杂豆50—150克,薯物类50—100克。此外,每天还应当饮水至少1500毫升。

个；美国联邦最高法院前大法官金斯伯格女士在83岁时仍然能够连续做20个俯卧撑。值得一提的是，增肌训练在任何年龄段都可以开始并取得明显进步。笔者在46岁时定期练习引体向上，打破了中学时的最佳纪录，最多一次连续做了27个。二是通过跑步、骑车、游泳等有氧运动提高耐力，提升心肺功能。论文写作需要长时间投入，如果身体没有较好的耐力，则容易疲劳，难以为继。三是通过体操、拉伸、瑜伽等运动保持和提高身体的灵活度和柔韧性。

很多人以没有时间或者缺乏经济条件为由，不进行锻炼。根据笔者的体会，没有时间、经济条件有限，也是可以进行锻炼的。如果没有时间，我们主张结合番茄工作法来进行日常的保健和锻炼。力量训练和柔韧性训练完全可以在工作间隙进行。有氧运动则可以通过走路、快走、慢跑、骑车出行等交通方式，利用本来就花在路上的时间锻炼，一举两得。如果经济条件有限，则可以不用去健身房，而是通过做俯卧撑、深蹲、拉伸、走路、骑车、跑步等无成本或者低成本的方式进行。此外，一些体育设施是免费的。例如，消防站的单双杠往往设在公众空间，笔者就利用家附近消防站的单杠练习引体向上（有时被误认为消防员）。此外，合理安排锻炼还可以节约支出。笔者下班后不去最近的地铁站，而是先慢跑或者骑行6公里，之后再上地铁，还能省一块钱地铁费。

也有一些人不锻炼的原因是拖延，相应对策可以参照第十章。简而言之，锻炼拖延的原因，无非信心不足（认为锻炼是很难的事情，而自己没有体育天赋，或者锻炼令人痛苦）、认为还有时间（以后再锻炼也不迟）、追求完美主义（要锻炼就要做到完美，而因为一时做不到,就不开始)、优柔寡断(在不同锻炼方式之间举棋不定)。相应的对策,就是调整认知(锻炼并不需要天赋,没有门槛,迈开腿就是锻炼)、固定时间(如在工作间隙、把上下班路上的时间用于锻炼)、细化任务(把笼统的体育锻炼细化为自己每天做什么)、设定截止日期(如规定自己在什么时候必须开始锻炼,而不是"以后"再说)、共同命运(要考虑到自己的身体健康与亲友利害相关)、与子偕行(即约一些人一起锻炼,如通过一起快走的方式与好友交流)。

(三)规律作息

从时间管理的角度,规律作息的好处有两个。一是提高休息和工作的效率。作息规律时,人体能够形成奇妙的生物钟,使得自己在该休息时有困意,能高效休息,而在该工作时精神抖擞,精力充沛。相反,如果作息不规律,则往往一天下来迷迷糊糊,没有清楚的界分,该工作时精力不济,该休息时却很精神。二是使得有效的工作、学习时间具有可预见性。如果每天生活起居有规律,则可以确定每天的哪些时间是可支配的。如果作息不规律,没有规律的工作、学习时间,则无法预见每天有多少可支配的时间。例如,如果一时兴起到后半夜仍没有休息,则第二天白天可支配的工作时间、工作状态都必然受到影响。在这种意义上,规律作息者的可支配时间类似工薪阶层的收入,是可预期的,而作息不规律者则类似临时工,其可支配时间具有很大的随机性和不确定性。

要做到规律作息,主要从两个方面入手。一是保证适当时长的高效睡眠。一般来说,成年人需要七八个小时的睡眠,过犹不及。找到最适合自己的时长之后,就要尽量使得睡眠处于这一时长。通过创造良好的睡眠环境、不做亏心事等方式,来提高睡眠质量。二是生活起居要定点,尽可能确定下来休息、起床、工作、学习的时间,以便身体也形成相应的规律,在该休息的时候睡意如期而至,能够高效休息,在该工作学习的时候则精神焕发。

二、情绪管理

人在任何时刻都有一定的情绪,或积极,或消极,或乐观,或悲观。乐观的时候,"春风得意马蹄疾,一日看尽长安花",踌躇满志,雄心勃勃;悲观的时候,"欲渡黄河冰塞川,将登太行雪满山",垂头丧气,万念俱灰。我们既不要得意忘形、狂妄自大,也不要妄自菲薄、自暴自弃。如果无法在乐观和悲观之间保持最恰到好处的立场,也最好能像埃隆·马斯克一样,宁愿错误地乐观,也不要正确地悲观。基于这一考虑,我们要积极地进行情绪管理。我们要积极主动地追求积极情绪,尽可能让自己乐观,同时,在消极情绪不期而至的时候,也要在予以接纳的同时正确地应对。

(一)追求积极情绪

我们应当主动追求积极情绪。究竟有多少种积极情绪,尚无定论。弗雷德里克森提出如下 10 种积极情绪:喜悦、感恩、宁静、兴趣、希望、自豪、逗趣、激励、敬佩、爱。[1] 对这个分类,完全可以提出一些质疑。一些情绪之间,可能具有相互包含或者目的和手

---

[1] 〔美〕芭芭拉·弗雷德里克森:《积极情绪的力量》,王珺译,中国人民大学出版社 2010 年版。

段的关系,一些情绪则非常相近,可以予以合并。例如,从某种角度来看,喜悦包含了逗趣,或者说逗趣是使人们喜悦的一个手段。又如,激励和敬佩之间可能也没有本质上的区别。认识了一个榜样人物之后,我们在产生敬佩之情的同时,往往也受到了激励,甚至还因此而充满希望。当然,究竟如何区分积极情绪,有待心理学界的进一步研究。就我们日常工作和生活所需而言,我们可以参考这 10 种积极情绪的分类,有意识地让自己具有这些积极情绪。在这 10 种积极情绪中,喜悦、宁静、希望、钦佩、逗趣具有特别重要的意义,下文就这些情绪的重要性以及如何能够获得这些情绪,进行粗浅探讨。

1. 喜悦

喜悦是一种常见的积极情绪,在这一状态下,我们会更加乐观,更加自信,更能够迎接挑战。同时,喜悦的情绪也能够感染他人,创造良好的氛围,促进良好的人际互动。我们应该有意识地了解会让自己产生喜悦情绪的事情,以便有意识地作出相应安排。通常而言,从事娱乐活动能够让人喜悦。尤其是在较长时间的工作或学习之后,会出现心理上的疲劳,在这种情况下,进行娱乐活动可以使注意力得到转移,之后重新焕发生机。因此,适当安排娱乐虽然会占用一定时间,但避免了长期低效工作,可以提高效率,从而取得更大业绩。不过,我们需要克服有意或无意将娱乐和工作对立起来的思维。为纠正这方面的误区,我们可以参考英语对娱乐的说法。英语中娱乐为"recreation",即"再创造",也就是说在工作之后进行娱乐,能够消除疲劳,重新创造出旺盛的精力。在这种意义上,娱乐实际上和休息一样,是在工作一段时间之后重新投入工作之前的必要条件。有意思的是,英语中将娱乐命名为"再创造",而我国有一种中成药,名为"再造丸",据说其能够治疗中风瘫痪,半身不遂,古人称"医风痰、治瘫痪,起死回生之力,故立名,功同再造",我们也可以从这个角度来理解娱乐的作用。从正面了解娱乐的作用之后,我们也可以从反面来认识这个问题。如果不进行娱乐活动,体会不到喜悦情绪,那么,个人可能觉得生活都没有意思,最终可能产生抑郁情绪。从这个角度而言,投入时间追求喜悦情绪,实际上也是预防抑郁。从这个角度来看,进行娱乐具有重要意义。

基于这一认识,我们应当有意识地归纳适用于自己的娱乐活动,并将其纳入日程安排。通常而言,文艺、体育、社交是常见的放松身心的手段。通过接触艺术和从事艺术活动(如阅读、创作文学作品,欣赏、演奏音乐等),可以陶冶情操,在心灵上得到放松。在从事体育活动时,大脑在运动状态下分泌内啡肽和多巴胺,从而让我们感到快乐,舒缓紧张情绪。参加社交则能满足我们与他人沟通、交流的需求。尤其是在相互之间没有利益冲突的情况下,参加者无须做出任何掩饰,可以轻松、自然地与他人交流,得到放松。康德深谙此道,他每天5点到13点工作,终其一生中午在餐馆用餐,并且把用餐当成自己休闲、放松的手段。他和餐馆老板有一个默契,即让康德和适当的谈话对象坐在一起。如果康德要回避去同一个餐馆用午餐的人,则其会去其他餐馆。有一段时间,在康德常去的餐馆中,有一个客人很无聊,用沉重的语调探讨琐事,康德不堪其烦,于是换了一家餐馆。另外,有时候一些人会"伏击"康德,跟他在一个餐馆用餐,向他提出专业问题。

而对康德而言,午餐时间是放松的时间,不想劳心费神,讨论高深的问题。对这些提问者,康德也玩起"捉迷藏"游戏,即换到其他餐馆用餐。有一段时间,康德在午餐时间碰到了一个让他头昏脑胀的人,于是又换了一个餐馆。总体而言,康德有 30 年时间在餐馆吃午饭,与不同阶层的人进行交流,不讨论专业问题。这种午餐社交,对康德具有很重要的意义。①

从时间管理的角度来看,我们应当有意识地在从事娱乐活动的同时,顺便追求其他目的,从而增加单位时间的产出。例如,在从事体育活动时可以约上朋友,从而也达到了社交的目的。在聚会中除了闲聊一下八卦,还可以相互学习、借鉴,从他人视角来看待问题。例如,笔者的同学路楠先生常年在企业界摸爬滚打,在参加同学聚会时"既不用在下属面前'装大爷',也不用在投资人面前'装孙子'",经常与笔者讨论宪法问题。他对中国实践的体察和对一些问题的看法别具一格,尤其是坚定的政治立场,给笔者很大启发。

2. 宁静

处于宁静状态时,我们心无旁骛,心如止水,既可以将注意力长时间集中到一个问题上,也可以不想任何事情,物我两忘。与此相反的是烦躁心态,即注意力在不同事物之间不由自主地来回切换,个人坐立不安。就论文写作而言,宁静心态非常重要。如果不能有这种心态,则无法将注意力集中到论文写作。我们可以采取一些做法,让自己有宁静的心态。一是我们要提前安排好所

---

① 〔美〕曼弗雷德·库恩:《康德传》,黄添盛译,上海人民出版社 2008 年版,第 260 页。

有重要事项,在安排妥当的情况下,当下就可以集中精力处理当前任务,而无须担心其他尚未完成的、已经安排自己将在适当时间处理的事务。就论文写作而言,如果所有其他需要自己处理的事情已经安排妥当,则在写论文的时候,无须再操心其他事务,因此就能够将注意力集中于论文上。二是我们还可以采取一些其他措施,来帮助自己进入宁静的状态。例如,我们应当尽可能选择一个不受外界打扰的环境,从而使自己的注意力不受影响。此外,在做一件事情之前,进行几分钟的冥想,甚至只是简单地深呼吸几次,也能够让我们较快进入宁静状态。如果能够养成在工作之前冥想或者深呼吸的习惯,则还会使工作具有仪式感,以此给自己一个应当认真对待工作的心理暗示。

值得注意的是,宁静情绪和专注工作之间往往产生正面作用。一方面,心如止水时,我们能够更快地进入专注工作的状态;另一方面,专注工作时,我们容易进入忘我的境界,时间过得特别快。这种心理体验被称为心流(flow)[①]。通常而言,如果处于宁静状态,所从事的工作对自己而言具有挑战性但又不超出自己的能力,则容易进入全神贯注的状态。鉴于论文写作富有挑战性,我们在写作时容易进入心流状态。

3. 希望

怀有希望时,我们相信自己的目标在未来大概率能够实现,而实现目标的美好远景又激励自己当下做出努力,从而又提高了实现目标的概率,这就进入了一个自我确认的良性循环。相

[①] 参见〔美〕米哈里·契克森米哈赖:《心流:最优体验心理学》,张定绮译,中信出版集团 2017 年版。

反，在失去希望的情况下，我们不相信自己能够达到目标，认为当下怎么努力都无法改变结果，从而也就失去了动力，这从客观上又降低了实现目标的概率，从而走上了一个自我否定的恶性循环。就此而言，个人是否抱有希望，往往决定了最后的结果。此外，在满怀希望的状态下，个人的精神面貌昂扬向上对心理健康也具有积极意义。

为了让自己怀有希望，应当设法让自己相信经过努力是能够，或者至少有可能实现所追求的目标的。我们可以进行一些客观分析，如收集并分析统计数据，看看与自己情况类似的群体实现目标的概率，也可以研究他人如何实现了类似目标，客观分析自己拥有的有利和不利条件。通过客观分析，能够避免自己武断判断自己不能够达到目标，从而失去希望。就论文写作而言，无论当前面临多大的挑战和困难，都要保持客观，认识到自己是可以战胜这一挑战的。笔者的一名学生就运用了这一策略进行了自我鼓励。在硕士毕业论文进展困难，"为伊消得人憔悴"的阶段，她认识到虽然论文写作对自己来说是如此困难，但是，往届师兄师姐绝大部分都写出了毕业论文，这就说明完成毕业论文是普通学生可以做到的事情，而迄今为止，没有任何证据证明自己连平均水平都达不到。在这一信念的支持下，她继续坚持写作，最后在不知不觉之中，"轻舟已过万重山"，完成了一篇远远超出平均水准的硕士学位论文。

为了强化自己能够实现目标的信念，我们应当将富有挑战性的一个大目标分解为一系列难度不大的小目标，并把这些小目标作为自己的阶段性任务，确定自己应当采取的具体措施。通过将远大的长期目标分解为一系列小的短期目标,在任何特定阶段都只专注于实现当前的小目标,就能够避免大目标对个人心理产生的压迫感。实际上,很多长跑者都采用这个策略。跑步本身是令人痛苦的,而痛苦时间越长,终点越是遥遥无期,对个人心理压力越大。如果跑步时想着全程的终点,则心理压力较大,相反,如果只想着完成当前的一公里,完成之后又只想着完成下一个一公里,那么,几公里甚至几十公里的跑程就被分解为若干个一公里的跑程,每一段一公里的跑程所带来的心理压力都不大。运用这一原理,我们可以对论文写作的任务进行分解,使一个甚至会令人"窒息"的论文写作目标变成一系列阶段性目标,自己在每一个阶段只需要专注于当前的任务。而在每次完成一个阶段性目标之后,我们都会因为取得了进展而获得成就感,同时也对完成总目标更有信心。

将大目标分解为一系列小目标,并确定各个阶段的任务之后,我们应当制定相应的书面计划。在计划形成文字的情况下,阅读自己的计划就能让自己设想完成一个个目标之后的场景,从而形成正面激励。据说,大脑并不能够清楚地区分已经实现的目标和尚未实现的目标,即看到自己将在什么时间完成什么任务的计划,我们当下就能够享受到似乎已经完成这项任务的成就感。此外,如果仅仅在脑子里做计划,则只能有一些大致的规划,而不可能做到精确。通过书面方式做计划,我们可以进行视觉化思考(visualized thinking),进行统筹考虑,使计划更加合理、可行。

在人际互动中,我们可以按照上述原理鼓励他人,增强其信心。例如,研究生导师应当对学生的情况作出客观的分析,尤其是在其妄自菲薄的情况下,合理而可信地指出其有能力完成学业,可以建议,甚至要求学生对任务进行分解、制定相应的书面计划。

4. 钦佩

喜悦、宁静、希望这三种积极情绪不依赖人际互动,荒岛上的鲁滨逊也可以拥有这些情绪。与此不同,钦佩、逗趣是存在于人际关系之中的两种积极情绪,值得我们加以重视。通常而言,我们如果了解到他人具有一个自己欣赏的、自己也希望拥有的优秀品质,则会对其产生钦佩之情。基于对钦佩对象的欣赏和认同,我们受到其激励,同时也愿意向其学习。这一原理可以广泛运用于人际关系之中。所谓"寸有所长尺有所短"、"三人行必有我师",与他人交往的时候,我们可以关注其值得自己学习的地方,表明自己欣赏、钦佩的态度。就论文写作而言,我们可以主动向高手请教,学习其可资借鉴的做法。

5. 逗趣

相互尊重和欣赏是健康的人际关系的基石,如果可以相互逗趣,则人际关系将更加轻松愉快,人们能够获得更加积极的情绪状态。为此,我们可以有意识地培养自己的幽默感,为生活增添一些乐趣。幽默的本质,是让一个令人意想不到的结果以合乎逻辑的方式出现,从而与受众的心理预期发生有趣的反差。在本质上,幽默是有趣的意外。在国内宪法学界,焦洪昌教授的幽默堪称一绝。2008 年,笔者陪同他出席笔者的导师 Rolf Stober 教授的

65 岁生日庆典,焦教授的即兴发言①完美地展示了幽默的本质。

需要注意的是,幽默必须是善意的,否则就变成嘲讽甚至毒舌,非但不能为生活增加乐趣,反而会带来一系列负面效应。此外,作为人际互动中的调味品,还需要考虑对方的接受能力,以免产生误解。

(二)应对消极情绪

我们在努力增加积极情绪的同时,也要看到愤怒、倦怠、焦虑、忧愁、悲伤、紧张、痛苦、恐惧、憎恨等消极情绪也是生活的一部分。我们要正视、接纳自己会有消极情绪,而不要试图欺骗自己,否定消极情绪的存在。正如弗洛伊德所言,任何受到压抑的情绪,过后都会以丑陋的面目出现。与此同时,我们又不能让自己受到消极情绪的摆布,而要采取一些措施来进行应对。就论文写作而言,愤怒、倦怠和焦虑情绪容易造成较大困扰,下文对此展开探讨。

1. 愤怒

愤怒是一种人人都熟悉的情绪,任何描述都纯属多余。在愤怒情绪的影响下,我们的内心无法保持平静,无法认真而投入地从事一项工作,当然也没法去写论文。研究生在宿舍居住,大部分时间在校园生活,空间狭小,与室友、同学发生密切接触,难免遇到不如意的事情。如何保持好心态,避免愤怒,具有非常重要

---

① "2008 年,中国有两件大事,一是举办奥运会,二是为施托贝尔教授祝寿。中国人民本来都想来,考虑到交通和场地,就派我来代表了。施教授多次访问中国,为学生讲授德国公法,著作也译成了中文。研究生面试时,我曾问他们,是否知道施托贝尔教授,若能说出个一二三,我就会高看他一眼。"见焦洪昌:《椿香:焦洪昌随笔集》,北京大学出版社 2023 年版。

的意义。应对愤怒情绪,要先端正对这一情绪的认识。我们通常认为,他人的不端行为会直接引起自己的愤怒,因此,自己是否愤怒,取决于他人是否做出不端行为。然而,这种认识并不成立。实际上,无论他人作出何种有悖常理的、令人生气的行为,我们都并非毫无选择。苏格拉底和林肯的行为充分说明了这一点。据说,苏格拉底在受到妻子的痛骂时,选择沉默,之后还被他妻子浇了一身水,这时候他非但没有生气,反而说打雷之后必有大雨,从而以幽默心态来应对妻子的辱骂和泼水,自我解嘲。试想,如果妻子的愤怒传染给苏格拉底,则其肯定没有心情整天去市场与人辩论,西方哲学史也就要改写了。林肯的做法与苏格拉底有异曲同工之妙。家中泼辣悍妻经常破口骂人。有一天,报童因送报太迟或者有什么其他过失,遭到了林肯妻子的恶骂。报童向报馆老板哭诉,说她不该骂人,以后他不肯到那家送报。老板向林肯提起,林肯非但不因为老婆的行为而生气,反而说:"算了吧!我能忍她十多年。这小孩子偶然挨骂一两顿,算什么?"林肯也选择了以幽默心态来应对烦心事,而不是为妻子的行为感到羞耻和气愤。由此可见,面对通常令人生气的人和事,我们其实是有选择的。某种意义上,除非自己愿意,否则没有任何事情可以让我们生气。明白了这一道理,我们就可以在面对不愉快事情的时候,保持平静。避免了愤怒,保持平和,我们就能够将精力集中于论文写作等重要事务。

2. 倦怠

倦怠(burnout)是在工作重压下产生的心力交瘁的、短期内无法再继续从事相关工作的心理状态。在长时间不间断地投入具有挑战性的工作之后,我们就容易有这种消极情绪。由于论文写作无法一蹴而就,尤其学位论文的写作过程通常达到一年甚至更长,如果安排不当,就有可能导致倦怠,因此应当对其予以充分重视。

要防止倦怠,就应当在热情消退而尚未耗尽的时候就中断工作,等恢复热情之后继续工作。人从事任何工作,都需要一定的热情。热情是不可能长时间保持的,而是随着时间的流逝而消退。不间断地从事一项工作的时间越长,越是没有热情,过了一定限度,则会腻烦。在热情被消耗殆尽之前放下手头的工作,等到热情恢复之后再继续,就使工作具有可持续性。海明威在创作的时候,就很好地采用了这一做法。他总是在当天还有兴趣,也还有思路继续往下写的时候就停下来,到了第二天,他就能顺利地接着前一天的思路写下去。

论文写作是一项需要热情支持的工作,而热情是一种宝贵的资源,不宜过度消耗。我们在进入状态的情况下,甚至会享受写作的状态,而不想停下来。然而,我们容易高估自己的写作热情,进而连续工作过长时间,导致透支,最终产生厌烦、抵触心理,从而在较长时间内都提不起兴趣。因此,在安排日程的时候,对连续写作的时间可以作出一个限制。通常而言,我们在论文写作之外也有其他事情需要处理,可以让这些任务相互交叉。例如,我们应当避免连续几天全天写论文,之后再全天完成其他任务,而是进行一些穿插。甚至,在一天之内,我们也要尽可能穿插进行不同任务。通常而言,在一天中我们的精力状态会有起有伏。如果全天从事论文写作等有挑战性的工作,则在精力好的时间段我们还可以胜任,而在精力较差的时间段则勉强支撑,容易产生油尽灯枯的心理疲劳状态。因此,在一天中我们应当尽可能安排自己在精力旺盛时从事论文写作等有挑战性的工作,在精力较差的时候从事挑战性较低的工作,如低强度脑力劳动或者体力劳动,让不同性质的任务相互调剂。

3. 焦虑

作为一种常见的消极情绪,焦虑在一定程度上是希望的反面,即担心自己达不到一个目标,而自己又无法面对,或者不甘于达不到目标的结果。在论文写作中,出现焦虑情绪是很正常的。论文写作是一种创造性工作,其结果具有或然性,投入了时间不一定有理想的结果。而事务性工作与此不同,通常遵守"种瓜得瓜,种豆得豆"的规律,"一分耕耘,一分收获",投入了就几乎必然有回报。笔者在博士论文的写作取得突破之前,对创造性工作和事务性工作之间的这一区别深有体会,并对从事事务性工作者怀有羡慕心理。当时笔者每天早出晚归,乘坐快轨在汉堡市东边的宿舍和西边的研究所之间往返,有几个月的时间,在 Sternchanze 站附近看到一些工人在修建桥梁。当时笔者感觉自己的博士论文日复一日毫无进展,内心恐慌,很羡慕那些工人,因为他们只要继续工作,总有一天可以建好桥梁。

那么,产生焦虑情绪之后,应当如何应对呢?其实,消除焦虑情绪和让自己抱有希望是一枚硬币的两面。就研究生论文写作而言,完成论文无疑是一个大部分人都可以实现的目标,尽管这个过程注定不会一帆风顺,需要自己付出代价。因此,我们需要做的是把论文写作的任务分解为选题、收集和阅读文献、构思、写初稿、修改初稿等一个个具体的目标,再具体化为当前可以做的具体任务,如阅读一篇论文,写一写自己的相关思考,行动起来,完成一个个小目标,自然就能够摆脱焦虑。

三、专注力管理

在几百万年的进化史中,人类祖先生活在充满危险的环境中,必须迅速觉察危险并马上作出逃跑或者战斗的决定,否则有性命之虞。因此,关注周边的风吹草动,而不是将注意力集中在一个事情上,是刻在人类基因中的习惯,已经成为我们的本能。然而,这给我们的论文写作带来了困扰。与维特根斯坦在第一次世界大战前线撰写《逻辑哲学论》不同,我们通常在安全的环境下工作,无需刻意关注周边潜在风险,而是应当保持专注。为了推进论文写作,我们通常可以通过屏蔽干扰、采用番茄工作法、进行自我激励等方式达到保持专注的目的。

(一)屏蔽干扰

一些干扰来自外界,一些则来自自己,我们应当区分处理,采取不同的针对性措施。

1. 屏蔽外界干扰

(1)环境干扰

声音、图像、气味等来自外界的不当物理刺激,会唤起我们的听觉、视觉、嗅觉,分散注意力,因此,我们应当尽量避免或者减少此类刺激。

首先,应当追求一个尽可能安静的环境。为此,我们可以去安静的场所工作,把手机、电脑提示音关掉。如果同屋、邻居制造噪声,则可以尝试进行沟通,甚至付出一定的代价来消除噪声。但是,如果无法改变现状,则应当学会在有噪声的环境下工作。康德在这个问题上的处理方式对我们有一定的启发。康德直到 1777 年年底,一直住在格尼斯堡市的一个叫康纳尔的地方。然而,他的邻居在庭院里养了一只公鸡,公鸡打鸣经常打断康德的沉思。我们可以"脑补"一下,康德某一天就人和动物的区别陷入沉思。他想到:人和动物,究竟有何异同呢?一些动物,和人相比基本上没有什么区别。毕竟,从进化论的角度来看,人是猴子变的。人类的近亲,与人之间,甚至在外形上都没有什么区别。那么,在哲学上,有什么理由,应当对人和动物,尤其是灵长类动物中人类的近亲区别对待呢?从生理上找不到什么本质上的区别。那么,只能从意志层面想想有什么区别。动物有什么意志?人有什么意志?动物有本能吗?人有本能吗?对了,区别就在于……突然,这个时候,"喔喔喔",公鸡打鸣了,打断了康德的思路,其差一点就得出了人和动物的区别在于人有自由意志的结论,结果被公鸡打断了思路,对这个问题,他还需要继续去思考。康德不堪其扰,于是与邻居沟通,愿意付出一切代价买下那只公鸡。但邻居很固执,认死理,不理解公鸡如何能够打扰康德。迫于无奈,康德最后搬家,解决了这个问题。①不过,后来康德又遇到了噪声的困扰。1784 年 5 月 22 日,他搬进了自己购买的新家。虽然这次没有了公鸡打鸣声,但旁边有一个监狱,犯人的祷告声对他造成了困扰。在给一个朋友的信件中,他抱怨"监狱中的伪君子雷鸣

---

① 参见〔美〕曼弗雷德·库恩:《康德传》,黄添盛译,上海人民出版社 2008 年版,第 259 页。

一般的祷告声",将其形容为"声嘶力竭地叫喊"。康德相信,犯人调低音量不会"危害到他们的灵魂救赎",仍然会"被视为臣服上帝的好人"。他希望,他们"把音量调低,就像我们这座美好的城市里的虔诚居民在自己家里的音量即可"。最终,康德部分地达到了目的,即犯人仍然"声嘶力竭"地祈祷,不过他会把窗户关起来。①康德与噪声作斗争的故事提供了如下启发:我们要"改变不可接受的,接受不可改变的",既要努力赢得一个安静的环境,也要学会与无法消除的噪声共存。

其次,眼睛所见都可能吸引我们的注意力,因此,应当让工作环境尽可能简洁。如果用自己的书桌写作,可以根据极简主义原则,只放置当前所需要的物品,如电脑、当前的参考文献、纸笔,其他物品都应该被束之高阁,做到"眼不见心不烦"。此外,电脑上的微信、邮件程序都要关掉,以免出现新消息提醒而分散注意力。

最后,也要尽可能排除嗅觉刺激,让周边不存在异味。总体而言,对研究生来说,与宿舍相比,图书馆、自习室等公共空间通常提供了更为优越的写作环境。

此外,所处环境过冷或者过热也会影响我们进入和保持专注状态,因此,如果可能,我们可以将气温调节到适当范围。一般来说,过于暖和容易让人昏昏欲睡,处于略冷状态时更容易保持清醒和专注。笔者的德国同学 Hendrik Lackner 深谙此道,在冬天写博士论文时,每次伏案工作之前先把暖气关掉,降低室内气温,以便自己能全情投入论文写作。

---

① 参见〔美〕曼弗雷德·库恩:《康德传》,黄添盛译,上海人民出版社2008年版,第311、312页。

（2）他人打扰

一旦进入了深度工作阶段之后被他人打断，则事后较难重新进入状态，即使成功，也需要较长时间。有鉴于此，我们需要妥善应对他人可能产生的对我们写作论文的干扰。对此，我们可以本着对等原则，按照"先礼后兵"的方式处理。一是我们可以主动告知他人，自己在什么时间需要集中精力，不希望受到打扰，同时也本着"己所不欲，勿施于人"的态度，询问对方什么时候方便联系，以便尽可能在双方都适宜的时间进行互动。如果可能，可以提前约好时间。如果不可能提前确定时间，则可以建议对方在什么时间联系自己。通常而言，他人都能够理解并配合。二是对于不速之客，我们要有拒人于千里之外的勇气。如果有独立的空间，可以把自己封闭起来，如反锁办公室或者宿舍，在有人敲门时不予理会。如果有电话机，可以把线拔掉。将手机和微信调整为静音状态。如果自己没有独立空间，则可以去一个不易受到打扰的场所，如会议室、教室、图书馆的某个角落。在公共空间工作时可以戴上耳机，给他人自己在听音频、无法听见他人说话的印象，即使听到别人跟自己说话也可以装作没有听见。

2. 排除内在干扰

（1）处理好牵挂之事

排除了外界和他人的干扰之后，我们往往会不由自主地想到一些令人牵挂的事情，以至无法进入或者保持专注状态。特别是在论文写作似乎"山重水复疑无路"的情况下，去处理这些事情就成为逃避论文写作的极佳借口。为此，我们应当在事前和事中都采取一定的对策。在开始写作之前，要把未竟之事按照轻重缓急安排,让自己在适当的时间去完成,从而让自己无须挂念。在写作过程中,如果突然想到一些之前没有考虑到的事情,则要区分处理。如果是紧急的、必须立即处理的事情(如做完饭没有关液化气),则无疑需要马上处理;如果是不着急的、完全可以事后处理的事情(如衣服洗完了没有晒),则可以随手写在一个备忘录上,事后择机处理,之后就继续专注于论文写作。

(2)远离各种诱惑

论文写作需要我们付出努力,而好逸恶劳又是人的天性。如果面对轻松享乐和艰辛劳作这两个选择,前者无疑具有很大的吸引力。而且,这两个选择之间的对比越强烈,享乐的诱惑力越大。论文写作往往令人望而生畏,相比之下,几乎做任何其他事情都构成诱惑,更何况是享乐。因此,如果在论文写作时一直需要去抵制各种有吸引力的选择,则对意志力是一个很大的挑战。为了避免自己因此而不专注,我们要与诱惑保持距离。为此我们可以采取两种做法。

一是主动离开诱惑。例如,在家里、独立办公室、宿舍就充满了诱惑。在家里和宿舍,"好吃不如饺子,舒服不如躺着",床铺就可能引诱我们离开硬板凳,舒舒服服地往床上一躺。零食也可能让自己面临管不住嘴的问题。此外,家里和宿舍中都必然有一些家务或劳动可做,而尽管它们通常很难构成诱惑,但"两害相权取其轻",家务或劳动通常比论文写作更轻松,而且能够在做完之后马上带来成就感,因此前者是一种能够提供即时满足的"享受"。此外,在独立办公室,没有多人在一起认真学习的那种相互激励的氛围,一旦意志力松懈,就难以抵制娱乐的诱惑。有鉴于此,我们可以本着"惹不起躲得起"的态度,一走了之,去图书馆、自习室或者咖啡厅等公共空间写论文。

二是清除诱惑。如果在宿舍、家里、办公室写论文,可以考虑清楚会干扰自己的诱惑。例如,如果自己喜欢吃零食,就吃一点买一点,不要常备零食,想吃的时候只能去外面买,这样就不至于在写论文和起身走几步去取零食之间进行"天人交战"。笔者有一段时间在办公室准备了零食,本来计划给到访的学生一些小惊喜,但后来发现,只要自己一开始写论文,就会想着3米之内有自己喜欢的零食静静地"躺"在抽屉里,于是就陷入了是写论文还是吃零食这种"to be, or not to be"的纠结,而且最终经常败下阵来。自此以后,笔者就不在办公室备零食了。但此事还留下了一点"后遗症"。尤其在论文写不下去的时候,还会去仔细检查以前放零食的地方,希望某个角落还有没有被清理的零食。

在信息时代,手机是一个需要特别认真对待的诱惑。现代人对手机爱恨交加:手机在给我们带来很多便利的同时,在很大程度上对我们产生了消极影响。作为通信工具和娱乐设备,手机基于其出色性能而构成极大诱惑。其一,作为通信工具,手机让我们能够以文字、图像、语音等方式与他人进行沟通,对我们有很大的吸引力。最关键的是,通过手机进行的文字交流具有即时性。通过邮寄书信进行交流,从写信到回信的一个交流过程至少耗时几天甚至更多时间。并且,通过手机进行的文字交流通常是即时的,而对方的即时回应又带来了小小的即时满足,从而使双方往往能够连续聊上几个小时,尽管很难想象双方能够静下心来用几个小时给对方写一封信。基于对即时所带来的满足的期待,人们往往有事没事就会看手机上是否有他人发来的消息,并在收到的时候马上回复。其二,作为一个娱乐设备,手机相较于传统设备具有很大的优势。与纸质媒体相比,手机上可以存储海量内容而不占重量,具有便携性;与电视相比,手机可移动,随身携带,而且相较于电视节目众口难调的问题,在手机上可以挑选自己感兴趣的内容,进行个性化、定制化的娱乐,个人容易沉浸于视听快感而不能自拔。鉴于手机具有上述优越性能,能否有效抗拒手机带来的诱惑,在很大程度上影响了写作的进展。对此,我们应当给自己使用手机的行为设置一些障碍。最彻底的办法是增加物理距离。例如,去自习室、图书馆等场所写作的时候把手机放在宿舍,让自己接触不到手机。退而求其次,则可以增加物理距离,如把手机放在几米以外而不是触手可及的范围内。此外,增大每一次使用手机的难度也是一个办法。我们可以每次都用后关机,或者设置复杂的锁屏密码,使自己在每次使用之前都要重新开机、输入密码,从而让自己因为怕麻烦而减少使用手机的次数。

(二)采用番茄工作法

做一件事情越痛苦,时间似乎过得越慢,越难忍受,反之亦然。爱因斯坦在向公众解释相对论时举的一个例子充分说明了这一点:当一个男人与美女聊上1小时,只觉得过了1分钟;而如果坐在热火炉上1分钟,会觉得似乎过了1小时,这就是相对论。这一原理对我们安排论文写作也有借鉴意义。毫无疑问,写论文通常是令人痛苦的,因此,时间越长,则越难忍受。那么,如果写作的时间越短,则越能忍受。按照这个原理,我们可以把论文写作的时间设定得很短,这样心理上就会觉得还可以承受。为此,我们可以利用番茄工作法,即每次只工作一段自己在心理上可以接受的时间,然后就短暂休息,之后再继续工作相同时长,然后再休息,如此循环反复。倒计时和休息的时长可以根据自己的情况来确定。比较常见的时长是工作 25 分钟,休息 5 分钟,加起来正好半小时。这种工作方法,被称为番茄工作法。这个方法得名于西方人在厨房中用的番茄形状的计时器,一开始人们通常用这一计时器来进行倒计时。在运用这一工作法时,我们可以利用手机、平板电脑等任何具有倒计时功能的设备。

  番茄工作法之所以有效,是因为当前时段的工作很快就能结束,这就使得大功告成像隧道尽头的亮光一样可预见,而做到了认真工作 25 分钟,又让我们具有成就感,由此产生的自我肯定又鼓励我们继续坚持。试想可知,如果要连续投入 4 个小时写论文,那么,如果一开始想着要 4 个小时之后才能结束,则给心理带来很大压力,可能直接就放弃了。相反,如果每次只工作 25 分钟,则当每次开始工作时,都知道自己只需要坚持 25 分钟就可以休息,这就让我们觉得没有太大难度。笔者在德国准备银级水上救生员考试时,对此有深刻体会。其中一个考试项目是潜水前行 25 米。在潜水过程中,缺氧的感觉越来越明显,身体越来越难受,中途放弃而冒出水面大口呼吸的冲动也就越来越难以抑制。因为需要完成潜水的距离是固定的,每向前潜水一米,就离终点近了一米,因此,心理上也就能够鼓励自己坚持下去,直到终点。相反,如果目标就是尽可能长距离潜水,那么,很有可能早早就放弃了。因此,在对写作任务发怵的情况下,诉诸番茄工作法,就能够鼓励自己在 25 分钟内全身心投入论文写作。

专注工作 25 分钟之后休息 5 分钟的工作模式，除可以让自己开始并不轻松的论文写作外，还能够为我们赢得很多零碎时间，这些时间可以用于维护身体健康、完成家务。在采用番茄工作法时，每 1 小时有 10 分钟休息时间，4 小时则有 40 分钟的休息时间。积少成多，休息时间的总量不可小觑，安排得当还可以做很多事情。我们主张动静结合，每到休息时间一定要离开座位。这 5 分钟时间，可以用来维护身体健康，也可以按照蚂蚁搬家的方式完成几乎所有家务。其一，我们可以进行一些保健活动。光是离开了座位，就对我们的健康大有裨益：视线离开电脑屏幕，眼睛得到休息，做到了用眼卫生；改变了体姿，颈椎、背部、腰椎得到了放松，能够避免颈椎、背部肌肉僵硬，预防腰椎疾病和腰肌劳损；臀部离开座位，能让臀部不再受到椅子所产生的向上的支持力，这对肛肠、泌尿系统的健康有百利而无一害；下肢得到活动，能够避免静脉曲张和形成血栓；进行"个人给排水活动"，有利于维持身体中的水分循环。此外，我们还可以做一些简单的动作，如中小学体育课中在上课之后所做的运动前准备活动。例如，为了保持颈椎的健康，可以转动头部，设想自己在空中写"米"字和"共"字，长期坚持，可以有效避免颈椎病；手臂屈臂肩关节环绕可以避免肩周炎。此外，我们可以循序渐进，在 5 分钟之内进行俯卧撑、深蹲、拉伸等锻炼。就俯卧撑而言，只要每天用 1 分钟做俯卧撑，长期坚持就会有明显的效果。把锻炼嵌入了自己的番茄休息时间，就可以避免自己忘了锻炼。其二，在活动身体、适当锻炼之外，我们可以采用"蚂蚁搬家"的方式，完成大量家务（如叠被子、拖地、洗碗、洗衣服、晒衣服、叠衣服、收拾房间、网购、发快递、做简餐,如蒸熟冻面点和蔬菜或者用微波炉做饭)。

番茄工作法的运用,可以参考如下要点。

一是鉴于番茄工作法具有很多益处,我们可以将其适用于所有案头工作,而不是只限于论文写作。只要一坐下,无论从事何种脑力劳动,都可以默认采用番茄工作法。我们可以培养每半小时休息 5 分钟的习惯,而习惯了这一工作节奏之后,我们就能很自然地将半小时作为日程安排的时间单位,同时也以番茄钟为单位来记录自己的时间支出。

二是即便进入了深度工作状态,也要坚持番茄工作法,每半小时离开座位适当休息。很多人在进入状态之后不希望中断工作,而担心每半小时休息几分钟会导致过于频繁的中断。这一看法有待商榷。其一,从保健的角度,久坐不动不可取,违反所有医生的专业建议。因此,为了自己的身体健康,也不得久坐;其二,休息 5 分钟是否会导致工作中断,也看具体情况。如果在深入思考一个问题时,到了休息时间就把注意力切换到其他事务上,则当休息时间结束之后继续工作时,将注意力切回原有工作的确需要一定时间才能进入状态。在休息时思考其他问题,或者看一些小视频,尤其是作出一个决定,都会导致注意力转移。因此,我们要在休息的时候,只是活动一下身体,做一些简单的家务,但是不转移注意力,尤其不去做决定,而是继续思考休息之前处理的问题,休息完毕可以继续之前的深度工作。

三是要避繁就简,采用尽可能简单的方式。关于番茄工作法,有各种各样的主张。例如,有人主张要用专门的,甚至是发出滴答声音的能够让人产生紧迫感的计时器,要用专门的本子来记录番茄钟时长,每完成 4 个番茄钟时长的工作之后,要休息较长时间,每天还要统计分析。这些方法,掌握起来就是个大工程,令人望而生畏。甚至只有运用番茄工作法,才能让自己学完这些方法。我们完全可以按照奥卡姆剃刀定律①,去掉所有不必要的细节,而是抓住番茄工作法的本质,即设定适合自己的番茄钟时长,一开始倒计时,就保持专注,直到倒计时结束,之后休息适当时长,再继续下一个番茄钟,周而复始。在物质条件的准备上,我们也可以简化处理,使用任何有倒计时功能的设备即可,无需额外购置专门设备。

四是固定番茄钟的启动时间。番茄工作法的提倡者通常主张在有一段较长可支配时间的情况下才启动番茄钟。然而,我们利用番茄工作法是为了让自己从事内心有所抵触的工作,因而如果由自己来决定什么时候开始工作,则有可能拖延。因此,最好无需由自己决定是否启动,以及何时启动番茄钟,以避免拖延。值得参考的是,学校师生根据课程表上规定的时间上课,而不是由师生决定何时上课,从而避免了拖延。可想而知,教师授课耗费脑力和体力,学生听课需要安静地坐着并集中注意力,如果由师生决定每一堂课何时上课,则很有可能一拖再拖,提前确定课程表就避免了拖延。我们可以借鉴这一做法,默认一有时间用于脑力工作,就启动番茄钟,以避免拖延。基于这一考虑,我们可以

---

① 奥卡姆剃刀(Occam's Razor)定律是由 14 世纪的逻辑学家奥卡姆(William of Occam,约 1285—1349 年)提出的,主张"如无必要,勿增实体",即"简单有效原理"。其大意是:如果有两套理论都可以解释一件事情,一套简单、另一套复杂,则用简单的理论。本质上,这个定律要求把复杂的事情简单化,化繁为简。

默认在整点、半点时开始番茄钟,每到每小时的 25 分、55 分休息 5 分钟,与此相应,我们可以设定每到 25 分、55 分就响起的闹钟。只要有超过半小时的时间,就打开闹钟,开始专注地工作。如果工作开始的时间不是整点、半点,则在第一个闹钟响起来的时候实际上并没有完成 25 分钟的工作,根据自己的情况,既可以休息,也可以继续工作,直到下一个闹钟响起来,从而使一次专注工作的时间长于 25 分钟。如此一来,就可以随时开始工作,而无须等到整点或者半点。

(三) 进行自我激励

为了得到心仪之物,人们通常愿意忍受痛苦。这一原理也可以用来鼓励我们去写论文。如果提前决定在完成了论文写作方面的一个任务之后就给自己一个奖励,那么,完成任务就成为获得奖励的代价,我们会更愿意为此付出努力。我们可以根据自己的偏好,预先决定自己在达到阶段性的论文写作目标之后,从事自己喜欢的事情。常见的自我激励包括与朋友聚餐、旅游、看电影、购物等。有了这些激励,就能够让我们更容易地克服好逸恶劳的天性,专注地投入论文写作。

第九章　安排日程

赢得了时间后,身心也处于良好状态,接下来我们就应当努力去完成各种任务。人在一个特定时段内只能做一件事情,因此我们必须提前确定在什么时间做什么事情。"物有本末,事有终始,知所先后,则近道矣。"①若安排得当,则事半功倍,反之亦然。基于这些原因,我们就需要做好日程安排,不但要积极主动地将任务提上日程,还应当尽量将各项任务安排在最适当的时间。如何才能让自己在正确的时间做正确的事情,本章对此展开探讨。下文首先讨论如何收集需要关注的事项,并筛选、归纳出需要处理的任务;之后探讨按照什么原则来确定从事不同任务的时间;最后就日程的形式提出自己的粗浅看法。②

一、日常事项的分类

在工作、学习、生活中,很多事项会引起我们的注意。有一些事项无须理会,另一些则需要得到适当处理。这些事项可以分为两类,一类可以立即完成,另一类需要留待事后处理,下文将分别

---

① 出自《大学》。其意思是:世界上的很多事物都有它的根本和末梢,事情有开端和结尾,我们在对待与处理的时候,应该知道孰先孰后,孰本孰末,区别对待,这样的话,就离"道"不远了。

② 关于如何对生活中的各种事项进行分类处理,笔者主要参考了〔美〕戴维·艾伦:《搞定Ⅰ——无压工作的艺术(最新版)》,张静译,中信出版社2016年版。

进行讨论。

(一) 无须理会的事项

对能引起注意但没有任何意义的事项,我们应该视而不见、听而不闻、不为所动。手机垃圾短信、垃圾邮件、推销电话就属于此类。此外,对一些价值较低的事项,也应当不予理会。正如在购物时会货比三家,追求性价比,在决定做和不做一件事情之前,我们也要进行权衡、取舍,挑选出最值得去做的事项。如果把时间和精力像撒胡椒面一样分配给过多目标,"东一榔头、西一锤子",将"贪多嚼不烂"。未能将时间和精力集中在最重要的事情上,"捡了芝麻丢了西瓜",最终碌碌无为。在学术领域,一个常见的错误就是对多个选题都感兴趣,不经筛选就轻易开始研究一个主题,在一篇论文没有完成之前就开始另外一篇论文的写作。看似齐头并进,实则精力分散,导致所有论文进展缓慢甚至半途而废,而很少能最终完成一篇论文。

(二) 需要立即处理的事项

除无须理会的事项外,其他事项都应当得到妥当处理。可以在短时间内完成的事项,原则上应当立即完成,避免积压。在 2 分钟内能够完成的事项,就不得拖延,应该马上处理完毕。不过,在高度专注的情况下,不应当处理任何其他事情,即便其只需要 2 分钟。例如,正在专心写初稿的时候,如果注意到他人发信息过来,如果是非紧急事项就无需即时回应,以免中断写作,打断思路。

(三)留待事后处理的事项

1. 记录待办事项

如果需要处理一个事项,但不能立即处理完毕,就需要先记录下来,以便事后安排适当时间处理。对于待办事项的记录,既可以记在脑子里,也可以通过成文方式记下来。两种记录方式各有利弊:记在脑子里门槛低,无须采取任何额外行动,但容易遗忘,特别是事情较多的时候。若为避免遗忘而反复提醒自己,则会占用短期记忆,以至无法专注于当前的工作。相比之下,用成文方式记录待办事项虽然麻烦一些,但有两个明显的好处:一是"好记性不如烂笔头",成文记录的辅助记忆功能,减轻了大脑的记忆负担,让我们得以专注于当前的任务;二是眼前一览无余的成文记录可以帮助我们进行可视化思考,直观地分析不同事项之间的关系,进行合理的排列组合,有利于后续做出最妥当的日程安排。

如果决定用成文方式记录待办事项,那么我们应当在电子方式和手写之间取舍。如果用电子方式,最常见也最方便的方法,是在手机上用记事或者代办事项清单 APP 记录,但这有一定的不足。其一,一旦关闭屏幕,或者切换到其他 APP,就看不到相关内容,难以及时得到提醒。其二,打开手机查看清单时,注意力容易被社交媒体软件等其他应用吸引,导致自己忘了查看待办事项的本意,或者在查看完待办事项之后浪费太多时间在不同 APP 之间切换。相比之下,用一直放在眼前或者旁边的手写待办事项清单,就可以避免这些问题。

我们推荐用一个大小不超过 B5 大小的记事本记录待办事项。此外,我们可以将记事本作为一个强大的多功能工具,纳入自己的时间管理系统。我们不仅可以用它来记录待办事项,还可以用它来书写自己的随感、灵感,梳理自己的情绪①,记录自己的日程。伏案工作时,将记事本放在适于随时书写的位置,有任何想法都可以记录下来。如果在电脑上的论文写作停滞不前,也可以就地切换为传统的纸笔写作。此外,我们可以将笔记本放在出门携带的包中,确保自己可以随时随地取用并利用纸笔手写。

2. 委托他人

有一些待办事项可以,甚至应当委托他人完成。将其委托出去,此事就得到了妥当地处理,对自己来说就是了结了。实际上,委托他人也是赢得时间的一个重要方法(参见第七章)。

3. 亲自处理

(1)时间确定的事项

不能委托他人处理的事项,都应当亲自完成。在这些事项中,有一些活动的时间是确定的。例如,上课、开会、与他人约好的活动时间通常都是提前确定好的,我们无须特意安排,只要将其纳入日程的相应位置,即可完成日程安排。

(2)时间不确定的事项

对于时间不确定的事项,我们要在日程上指定相应的时间,否则其将永远处于搁置状态。在此我们区分两类事项,一是通过一次行动就能够完成的,二是需要多次行动才能够完成的。对于第一类事项,直接为相应的行动在日程上安排一个适当的时间,就完成了日程安排。比较麻烦的是,论文写作这样的任务不

---

① 手写具有很多益处,这方面的代表性文献,参见〔英〕亚当·杰克逊:《手写人生》,王胜男译,北京联合出版公司2019年版。

属此类，它需要在较长时间段内多次行动才有望完成。那么，如何为这类任务安排相应的时间呢？我们将对此展开探讨。

日程上应该记载的是我们在某个特定时间应当做出的具体行动，而不能是一个抽象的任务。在某一时间需要展开的抽象任务不会告诉我们在那一时刻需要执行的具体行动是什么。对于具体行动不明的任务，我们无法直接将其列入日程。因此，我们必须明确具体的行动是什么。那接下来的问题就是，是在澄清完成一项任务所需要采取的所有行动后再行动，还是在澄清下一步行动后再行动。人们通常认为，对于诸如论文写作等需要多次行动才能够完成的任务，制订一整套行动计划是必要的。我们需要先确定所有应当采取的行动，并为之安排好行动时间，这样才算制订了一个可行的行动方案。在此之后，再根据计划来逐步推进作业进度。而在作出这一计划之前，我们认为自己无法采取具体行动。

然而，这个做法往往既不可行，也没有必要。之所以不可行，是因为上一步行动的结果往往就决定了下一步行动是什么。换言之，下一步行动可能取决于上一步行动的结果。在一个行动的结果出来之前，我们无法知道下一步行动是什么。就论文写作而言，一个选题是否可行，只有在初步探索之后才能得知。根据选题可行与否，后续行动就出现两种可能性：要么继续推进，要么换选题。在特定选题的可行性尚未明确的情况下，推进该选题进一步发展的一系列行动，如收集和阅读文献与构思、写作、修改初稿等是无法被安排的。同理，确定了选题之后，论文写作中必然会经常出现"山重水复疑无路，柳暗花明又一村"的状况。在整个写作过程中,在哪个阶段会遇到什么困难,应该采取什么思路来解决,也是无法预见的。因此,提前准备一个包括所有具体行动的详尽计划是不可能的。此外,一份详尽的计划其实是没有必要的。日程的目的在于指引我们如期采取行动,因此,在任何时候我们只要明确了下一步行动是什么,并将其安排上日程,就可以切切实实推进任务的完成,而不至于无所事事、虚度时光。在完成了一个行动之后,下一步应该采取的行动往往会跟着上一步行动的结果浮出水面。

总之,对于需要多次行动才能完成的任务,我们无须,往往也不可能制订详尽的行动计划,一个载于日程的下一步行动即可推动任务的完成。只明确下一步行动是什么,而不去制订完整的计划,就能够大大降低行动的门槛。此外,只关注当前可以采取的具体行动,不去考虑整个任务,也能够避免因为任务过于宏大而催生的畏惧心理。这种畏惧心理,才会真正妨碍我们无知无畏地采取一个又一个行动,直到完成整个任务。从这个角度来说,只提前确定下一步行动是什么的做法比制订完整行动计划的做法更加明智。

二、日程安排原则

通过对时间不确定事项的梳理,我们获得了一份行动清单,上面记录着一次行动就可以完成的任务和需要多次行动才能完成的任务的下一步行动。接下来,我们就应当把不同的行动尽可能合理地安排在适当的时间。如培根所言:"合理安排时间,就等于节约时间。"一般认为,我们应当按照事务的轻重缓急来进行区分。然而,这一做法经不起推敲。其一,区分轻重往往没有太大实际意义。绝对意义上,我们只应当做重要的事情,而对其他的事情则一概置之不理。一个事项只有足够重要,才需要我们处理。因此,区分轻重是在决定要不要做一件事情的时候就应当完成的判断。对所有事项都来者不拒,只在安排日程的时候区别对待,反而是不分轻重的表现。其二,区分"缓急"的意义也有限。火烧眉毛的事项,无需我们特意安排,一旦出现,当然会马上处理。对因丢了钥匙无法进门、发生了火灾、牙疼("牙疼不是病,疼起来要老命"),我们自然会第一时间处理,无须特意安排。更重要的是,我们平时的日程安排,恰恰要防微杜渐,避免紧急事项的发生。例如,定期洁牙就可以防患于未然,避免突然牙痛而不得不紧急求医。

因此,我们主张不应当按照轻重缓急的顺序来安排日程,但这不意味着日程安排可以随意进行。相反,根据我们的经验,遵守下列原则做出的日程安排,可以在很大程度上确保各个行动都被安排在较为合适的时间。

(一)珍惜黄金时间

对于自己效率最高的时间,即个人的黄金时间,我们应当高度珍惜,将好钢用在刀刃上,将其留给最有挑战性的任务。为此,我们需要先找出自己的黄金时间。接下来,要找出最有挑战性的、最为重要的任务,将其安排在黄金时间。

其一,我们要找出自己的黄金时间。每个人都有精力充沛的高效时间和精力一般的低效时间。大体上,人可以分为两种类型,一种是白天工作效率最高的"早起鸟",另一种是晚上工作效率最高的"夜猫子"。客观而言,"早起鸟"在生活中更加游刃有余,能够享有种种好处。一是在清晨众人皆睡时起床工作,容易自我肯定,这是一种积极的心理暗示;二是如果将最重要的工作安排在一大早,就可以为工作的完成预留一整天的时间,缓解当天可能发生意外干扰工作进度的风险;三是如果当天有重要事情,可以从容地面对,需要时也可以提前做一些准备,而不必匆匆忙忙。相反,对"夜猫子"来说,晚起会有每天输在起跑线的感觉,当自己起来的时候,他人已经工作一段时间了;当天重要的工作容易受到发生意外的影响进而影响进度,而当天的缓冲时间也有限;按照社会生活的习惯,往往上午 8 点之后就可以有重要的事情,而此时"夜猫子"往往还处于精力不济的状态,疲于应付(例如,大学第一节课通常安排在上午 8 点,对"夜猫子"来说可能太早了)。

名人中,有一些属于"早起鸟",有一些属于"夜猫子"。据说,康德每天上午 5 点起床,穿着睡帽和睡袍在书桌旁工作到上午 7 点,上午的时间去上课,不上课时则写作,日复一日。当代著名日本作家村上春树每天上午 4:30 起床。知名作家连岳也是上午 5 点起床,之后完成当天的创作。笛卡尔则是一个在床上思考的哲学家,每天不到上午 11 点不起床。毛泽东也主要利用夜里的时间工作。还在中央苏区时,毛泽东通常在晚饭后就点上小马灯,有时候工作到天亮。[1]新中国成立后,毛泽东一般上午 11 点起床,下午 3 点吃午饭,下午七点半吃晚饭,之后工作到凌晨 5 点甚

---

[1] 参见〔英〕迪克·威尔逊:《毛泽东传》,中共中央文献研究室《国外研究毛泽东思想资料选辑》编辑组译,国际文化出版公司 2013 年版,第 151 页。

至更晚。有紧急情况则几天几夜连续工作,废寝忘食。① 为了找到自己的黄金时间,需要确认自己属于哪个类型。如果确认自己属于"早起鸟",则应当将最有挑战性的工作安排到上午。如果认为自己是"夜猫子",则我们建议再进行进一步甄别,判断自己是否真的属于"夜猫子"。根据笔者的了解,研究生晚睡的原因包括但不限于这两个:一是白天没有抓紧时间,导致学习任务没有完成,不得不挑灯夜战;二是虽然已经完成了所有任务,但是,"夜色多么好,令我心神往",还想放松,舍不得睡。白天既然认真学习了,晚上自然就可以放松了,于是开始刷手机"大业"。各个平台用精准算法,推出一条又一条量身打造的内容,让用户乐此不疲,陷入"娱乐至死"的旋涡不能自拔。而在刷手机时时间还过得特别快,转眼之间一两个小时就过去了。因为这两个原因而没有早睡者,实际上并非晚上学习更高效。他们其实是因为白天拖延,或者晚上过于放松,导致了晚睡,这又导致了第二天晚起,或者在不得不早起的时候,精力不济地去面对第二天的学业。对这些学生而言,最合理的选择就是早睡早起。实际上,在名人中,也有从"夜猫子"转为"早起鸟"的例子,连岳的经历就具有一定的启示意义。其在开始公众号写作之后,每天完成写作后将文章交由他人进行技术处理。有一天,出了技术问题,导致当天的文章未能如期发布。后来连岳改为每天上午5点早起,每天第一件事情就是写完文章。万一出现技术问题,当天也有充足的时间来应对。笔者有一名学生,以前的作息基本上比身边人晚3小时,笔

---

① 参见〔英〕迪克·威尔逊:《毛泽东传》,中共中央文献研究室《国外研究毛泽东思想资料选辑》编辑组译,国际文化出版公司2013年版,第299页。

者戏称其是按照土耳其时间作息,后来其也成功地调整为按照北京时间甚至东京时间早睡早起,自己感觉非常受益。当然,如果确认自己的确属于——无药可救的——"夜猫子",则要予以接纳,无须强行让自己变成"早起鸟"①,而是尊重自己的规律。

其二,在找出自己的黄金时间后,要保持专注,特别是屏蔽外界对自己的干扰,在这段时间专心致志地完成最有挑战性的任务。一个人的成就大小,在很大程度上取决于其把最有难度的任务完成得如何。为了在自己的能力范围内把最重要的任务完成得最好,我们要让自己在精力最好的时候来从事这些任务,而把挑战性较低的任务(如事务性工作)安排在非黄金时间。就论文写作而言,并非所有具体工作都是需要充沛精力的。阅读艰深的文献、进行构思、在遇到难点的时候苦思冥想、进行初稿写作适合在精力充沛、注意力高度集中的状态下完成。把核心工作安排在黄金时间,就能提高论文写作的整体水准。至于检索文献、简单地浏览文献、调整论文格式等工作,都无须全神贯注,甚至可以一心二用,如边听音乐边处理,可以把这些工作安排在非黄金时间。

(二)安排默认日程

通常而言,我们每天做的事情是类似的,每天的黄金时间是固定的,为不同的任务安排时间其实是一件很费脑力的事情,对

---

① 强行让一个"夜猫子"早起是不理性的,笛卡尔的经历就充分说明了这一点。笛卡尔早产,自幼体弱多病,养成赖床的习惯,醒了就在床上思考问题,所以被称为"在床上思考的哲学家"。受到瑞典女王克里斯蒂娜的邀请,笛卡尔到瑞典这个"熊的国家,处于岩石和冰块之间"(笛卡尔语),为女王讲授哲学。女王日理万机,只能凌晨5点抽空向笛卡尔学习哲学。由于每天起得极早,在凛冽寒风中赶路,笛卡尔患上感冒,很快变成当时无药可医的肺炎,于1650年2月11日逝世于瑞典斯德哥尔摩。

(笔者这样)优柔寡断的人而言,更是如此。因此,我们可以安排一个默认日程,一劳永逸地决定在一天中的什么时间做什么事情,从而无需每天再为此花费精力。除了节约决策成本,这种做法还有如下几个好处:

一是避免了因为没有计划而无所事事、随波逐流。如果没有默认日程,则在懒得做计划的情况下,生活就会处于无所事事、随波逐流的状态,消极地被外界的力量推着走,被动地作出反应。在这种状态下,生活大致呈现这样的景况:什么时候睡觉、什么时候起床,毫无规律可循。有时候晚上七八点可能就困了,"轰然倒下",到凌晨两三点睡够了就起来,神采奕奕,"神出鬼没"。有些天即便夜深了,也还在兴头上,或者该做的事情没有做完,继续熬夜。早上没有固定的起床时间,完全随性、随机、随缘。生活没有规律,该困的时候不困,该清醒的时候不清醒。吃不吃饭、在什么时候吃饭、吃什么,也没个准儿。吃不吃饭完全取决于饿不饿。一时兴起,会突然做些神神道道的事情。没兴趣时,对什么都提不起精神,百无聊赖,这时就希望能有人约自己做点好玩儿的事情解闷儿。一天、一周中做什么,基本上被动服从安排,很少主动去规划。如果突然有了空闲,都不知道自己该做点儿什么。

二是让自己的工作时间变得可预期、可控。日程固定下来之后,每天是否工作、工作多长时间,就不再是随机的,而是可预期的。如果每天可以支配的工作时间是确定的,那么,在一天、一周、一个月、半年、一年等不同时间段内可以完成什么任务,也就可以大体预计,可以在此基础之上作出计划,而不是完全随机。

三是有利于保障我们每天都投入一定时间为长期目标而努

力,持之以恒。美国著名学者威尔·杜兰特(Will Durant,1885—1981)说过:"日复一日地重复,成就了我们。因此,优秀并非一次行为,而是一种习惯。"①美国诗人威斯坦·休·奥登说:"聪明人的日常生活就是其雄心壮志的展现。"把重要的事情列入默认日程,我们就不会有意无意地忽略它们。就论文写作而言,我们应当在默认日程上固定在什么时间去写论文,使自己积极主动地推动研究进展。

在遵守默认日程的名人中,康德的做法被传为佳话。早上5点,他由仆人马丁·兰珀(Martin Lampe,1762—1802年受聘于康德)叫醒。康德要求仆人必须坚持叫他直到他下床为止,不可以让他睡过头。早起对他而言其实是件难事,早年也会睡过头。但康德对自己从未晚起超过半个小时感到十分骄傲。起床以后,康德喝一两杯清淡的茶,同时点燃烟斗,在吸烟时沉思。② 康德为自己定下了只吸一斗烟的准则,但据说他的烟斗一年比一年大。接下来,他戴着睡帽、穿着睡袍,准备讲稿,一直到上午7点钟。他的课在上午7点开始,持续到上午11点。讲完课以后,他又换上睡帽和睡袍,写作到下午1点,之后与友人共进午餐(他一天只进一餐)。下午3点吃完午餐,三点半去散步,他便访问朋友格林一起度过下午的时光。晚上7点,康德准时离开格林家,邻居可以根据康德离

---

① We are what we repeatedly do. Excellence, then, is not an act, but a habit.

② 康德的烟斗、煤炉和油灯,一起把书房墙壁熏得如此之黑,都可以用手指在上面写字了。康德的一个访客在墙壁上写字,康德反对他破坏这种自然的、比花钱买到的壁纸更好的壁纸。参见〔美〕曼弗雷德·库恩:《康德传》,黄添盛译,上海人民出版社2008年版,第314页。

开的时间来对表。回家以后继续做一些简单的工作和阅读。①

(三) 做好匹配

1. 时间长度

如果一次没有做完一件事情,则当下一次继续做的时候,还需要一定的时间才能进入状态。例如,本来用1小时就可以完成的工作,如果做了半小时就停下来,那么下一次继续做的时候,加上进入状态的时间,总共用时往往就超过1小时了。因此,在可能的情况下,应当尽可能安排充分的时间,争取一次做完一件事情。基于这一原因,安排日程的时候应当匹配时间长度,即给一项任务安排充足的时间,避免做到一半就停下。与此相应,如果有整块时间,就安排需要用较长时间才能完成的任务;如果只有较短时间,则只安排用时较短的任务。

就论文写作而言,情况比较复杂。通常而言,最好安排较长的整块时间。然而,现实中的问题是往往没有整块时间。那么,我们是否应该等到有整块时间后,再开始论文写作呢? 真相是几乎永远没有整块时间,所以"等我有时间了就去做"的事情,通常永远被束之高阁。一味等待整块时间,就意味着论文将处于搁置状态。正确的做法就是在没有整块时间,感觉时间被碎片化的情况下,运用"以毒攻毒"的思维,把论文写作工作也碎片化,即将其分解为用较短时间可以完成的一个个小任务。

---

① 参见〔美〕曼弗雷德·库恩:《康德传》,黄添盛译,上海人民出版社2008年版,第260、261页。康德的一个朋友说,有时候他会听到路上的人说,现在不可能已经7点了,因为康德教授还没有经过。参见〔美〕曼弗雷德·库恩:《康德传》,黄添盛译,上海人民出版社2008年版,第314页。

例如，阅读文献时，如果没有整块时间阅读完一本书，可以读其中一章，如果没有时间读一章，就读这一章的标题和部分正文。等到下一次有点时间了，再继续读一些。同理，在写作论文初稿的阶段，如果无法用完整的时间进行一气呵成式的写作，则将其分解为一个个小标题，一次完成一个小标题下的篇幅，甚至只是其中一段。如此一来，我们就能够利用较短时间，完成一个个具体的小任务，积少成多、积沙成塔，最终完成论文的写作。

无疑，并非所有零碎时间都应当用于完成论文写作中的小任务。在论文写作之外，我们也有足够多的适合在碎片时间完成的事情，我们要有意识地梳理什么事情是可以利用碎片时间完成的，并养成相应的习惯。例如，我们可以用工作间隙的几分钟做俯卧撑、深蹲、拉伸，可以用等车、在食堂排队的时间在手机上阅读一两首古诗词，复习一些外语单词，或者只是特意清空大脑，通过深呼吸放松自己。只要稍加注意，就可以把有效利用零碎时间变成自己的一个自然而然的习惯。

2. 重要程度

我们决定要做的所有事情都是重要的，不过在重要性上会有一些区别。有的更重要，有的不那么重要。重要的事情往往比较有挑战性，不重要的事情做起来通常令人相对轻松愉快。我们天生喜欢简单的工作，抵触挑战。如果顺应这一倾向，则容易成天忙于简单的工作，而搁置、拖延重要的工作，最终碌碌无为。因此，安排日程的一个重要原则就是让日程安排与事项的重要程度相匹配，做到重要事项优先。这具体包括两个方面：

其一，要优先把重要事项安排上日程，为其提供充分的时间保障。时间是有限资源,应当优先保障重要事项。在时间有限,无法做所有事情的情况下,放弃重要性较低的事项无疑是较为明智的。如果不优先为重要事项安排时间,则容易在完成重要性较低的事项之后,发现自己没有足够的时间来做重要事项,最终"捡了芝麻丢了西瓜"。

其二,尽可能第一时间完成重要事项。这个做法有两个好处:一是生活中经常计划赶不上变化,夜长梦多,如果把要事安排在前面,则要事往往在发生变化之前已被处理完毕,不受影响。而如果把要事安排在后,则在发生变化的情况下,我们就不再有时间。对此,笔者深有体会。本书的写作一开始没有抓紧时间,到了2021年下半年才开始比较投入,年底进入冲刺阶段,但此时笔者必须调整计划,腾出几个月的时间完成另外一项工作,最终导致书稿写作被搁置。二是尽早完成重要事项之后,会有成就感,心理上也很轻松。重要事项通常具有较大的挑战性,完成之后,就能够获得成就感,倍感轻松。相反,如果还有重要的事情没有完成,我们会一直惦记,感受到压力,惴惴不安。对此,马克·吐温说得很精辟:"如果早上第一件事就是吃掉一只活青蛙的话,那么在当天剩下的时间里就不会发生任何更糟糕的事情。"

将以上原理用于论文写作,意味着要先保障其所需时间,其次要把论文写作安排在前面,如作为每天第一项任务。笔者的博士生导师就采取了这一做法。他几十年如一日,每天早上6点起床,只要当天没有其他安排,从早上7点开始准时在书房进行写作,一直到午饭时间,午饭之后处理事务性工作。

需要注意的是,并非所有重要事项都应当尽早去做。在一些情况下,一些事情可能具有一定的不确定性,我们可以适当往后安排,"让子弹再飞一会儿",以便在最适当的时机处理。这种做法具有三个好处。一是相关事项有可能时过境迁,自行了结。二是稍作等待,有可能出现更好的时机。做事讲究"天时、地利、人和",在一个事情刚刚出现的时候,并不一定有最好的时机,而过一段时间之后或许就有了更有利的条件。三是这样其实进行了冷处理,大脑会继续在潜意识中进行思考,之后有可能得出更佳的方案。就论文写作而言,如果完成了论文初稿,只要时间允许,就可以先放一放,不着急马上修改、定稿。在搁置期间,其实在潜意识里还会继续思考,有可能会获得一些灵感。

3. 工具与环境

完成不同任务需要不同的环境和工具,在场景中,我们拥有不同的条件。因此,我们要让日程安排与具体场景下的工具和环境相匹配。就论文写作而言,我们通常错误地认为只有在安静的书桌前,在电脑、参考文献、纸笔都齐全的情况下,才适合进行论文写作。其实,论文写作过程中的不同具体任务,对安静程度、工具多少具有不同要求。例如,就安静程度的要求而言,深入思考论文框架、研读核心文献,都需要安静的环境,但是,即使在略微嘈杂的环境中,我们通常也可以用数据库搜索文献,对初稿进行文字修改。就对工具的要求而言,没有电脑我们无法进行初稿写作,但如果纸质文献或者平板电脑在身边,则可以进行文献阅读,用纸笔可以勾勒论文思路。因此,如果把论文写作的任务进行足够细致的分解,则在任何场景之下,如果有时间,都是可以完成一定任务的。如下所示，按照可供使用的工具从简单到完备的顺序，在不同情况下，我们都可以从事一些相关工作：

没有任何工具，可以围绕论文进行思考；

有纸笔，可以进行书写，勾勒思路，进行可视化思考；

有手机，可以阅读手机上的相关文献，如相关公众号上的推送；

有平板电脑，可以阅读电子文献；

有纸质版论文、书籍，可以进行阅读；

有电脑，可以用数据库找文献，可以阅读、写作、修改初稿。

同理，在安静的环境中，我们可以进行深入而忘我的思考，阅读艰深文献，可以奋笔疾书；在嘈杂的环境下，我们可以检索文献，修改格式，润色语言。总之，根据在不同时段我们拥有的工具和所处环境就可以安排相应的事项。

既然工作需要相对安静的环境和必要的工具，那么如果我们可以对以下两个方面稍加注意，则能够有更多时间用于工作。

其一，就安静的环境而言，没有噪声的环境当然是最理想的环境。此外，即便有一些噪声，我们通常也能够工作。甚至，雨声、海浪声等噪声不但不产生负面影响，还作为所谓的白噪声，能够营造良好的工作氛围。我们往往需要避免的是他人说话的声音，因为这种信息输入会导致我们分心。在他人违反明文规定或者其默认习惯影响我们的时候，我们可以考虑予以制止。笔者的导师就敢于在这种情况下维护自己的利益。他家在明斯特，需要坐两个多小时的火车去汉堡大学上班,他选择坐在所有旅客都应当保持安静的区域工作,不受火车上嘈杂的声音的影响。有一次,一位旅客打了半天电话,交代家人要如何如何做家务,他忍了很久,最终失去耐心,就过去制止,对她说:"女士,您家人应该怎么做家务,我一点都不感兴趣,没必要让我听到。"①

其二,我们可以随身携带工作所需物品。毛泽东的做法就值得我们借鉴。1930年时,毛泽东的行装中有一个九层的灰色挂包,里面装着地图、文件、书籍(包括一部《水浒传》)、纸笔。行军作战时,毛泽东背着挂包,到了宿营地就打开挂包,拿出文件、地图、书籍和纸笔,开始工作。② 由此可见,这个挂包就是毛泽东的移动办公室。对办公桌的要求,毛泽东也毫不讲究,如果没有桌子,找块木板架起来就可以。红军长征时,在皎平渡渡过金沙江,江中流急滩险,堪称天险。天快拂晓的时候,毛泽东和勤务员坐小船,到了对岸,毛泽东着急工作,勤务员却想先安顿临时床铺和烧开水,之后再给毛泽东安排工作条件。毛泽东说还有两三万同志没有渡江,马上工作更重要。于是勤务员找到一块小木板,毛泽东和勤务员把它架起来,摆上办公用具,就开始工作。③由

---

① 2006年笔者陪同导师夫妻二人访问新疆,路上导师说起这个经历。笔者听到之后,对导师的行为感到不以为然,说道:"您不应该这么跟她说!如果是我,我会说,您让您家人做家务的方法不对,我有不同看法,把电话给我,我来说说应该怎么做那些家务!"他们听了哈哈大笑,师母对导师说,笔者的思维经常这样,令人意想不到,一琢磨却又合乎逻辑。导师沉思了一会儿说,这是智慧的体现,谢先生一定能写出一篇优秀的博士论文。

② 参见〔英〕迪克·威尔逊:《毛泽东传》,中共中央文献研究室《国外研究毛泽东思想资料选辑》编辑组译,国际文化出版公司2013年版,第150、151页。

③ 参见〔英〕迪克·威尔逊:《毛泽东传》,中共中央文献研究室《国外研究毛泽东思想资料选辑》编辑组译,国际文化出版公司2013年版,第183、184页。

此可见,毛泽东带着挂包,几乎随时随地都可以开始工作。笔者导师的做法类似。他出门时背一个双肩包,带上必需的办公用品,在坐火车时就可以工作。笔者向导师学习,有一个商务双肩包,共九层,无论是去超市购物,还是上班、旅行,都会带上。包里空间很大,放下一个开水壶之后空间还绰绰有余。包里的物品包括但不限于平板电脑、无线降噪耳机、纸质本、A4纸、钢笔。一有时间,马上就可以工作:可以用耳机听中文、英文、德文音频节目,可以用平板电脑阅读文献、观看视频,用手机热点还可以随时联网,有什么想法,可以马上在活页纸或者纸质本上记下来。

(四)相互调剂

安排日程的时候,应当注意不同活动之间相互调剂,防止长时间做同一类事情导致效率低下。下文先讨论哪些种类的活动之间可以相互调剂,之后探讨如何在不同时间段内相互调剂。

不同性质的活动之间可以相互调剂。**首先**,在不同强度的脑力劳动之间进行相互调剂。高强度脑力劳动对我们具有重大意义,其成效在很大程度上决定了所能够取得的成就。不过,大脑无法长时间高强度工作,因此,我们应当穿插进行不同强度的脑力劳动,使大脑在紧张工作之后能够得到放松,从而能够可持续地进行高强度脑力劳动。**其次**,应当动静结合,脑力劳动与体力劳动相调剂。在进行体力劳动的情况下,大脑就得到了休息和放松。伏案工作之后做做家务,放空大脑,就能够恢复专注力,可以继续进行脑力劳动。同理,从事了体力劳动之后,坐下来进行脑力劳动,则身体也就得到了休息。**最后**,应当追求工作和生活的平衡(work-life balance),工作与娱乐相调剂。因此,在日程上既要安排劳作的时间,也要安排适当的时间进行休闲,从而做到劳逸结合,张弛有度。

那么,如何在一个番茄钟、一天、一周、一周以上等不同时间段合理安排不同活动,使它们能够相互调剂呢? 在一个番茄钟内,伏案工作和身体活动可以相互调剂。25 分钟的脑力工作之后,马上站起来,利用 5 分钟休息时间活动身体,喝水,走一走,做一些简单的动作,如眺望远处,做做家务等。在一天之内,可以把论文写作和事务性工作安排在不同时间段,把前者安排在自己精力充沛、工作效率高的黄金时间,把后者安排到其他时间。我们主张在一天内分别从事论文写作和其他事务,而不是几天用来写作,几天用来从事事务性工作。如此安排,则论文以外的事务在当天就能够得到处理,通常不至于耽误。此外,如此安排,则每天日程中的内容较为丰富,不同事项之间相互调剂,避免了长期做一件事情而心生厌烦,效率低下。在这方面,康德的做法就非常值得借鉴。一天中,既讲课、沉思、写作、阅读,也进行社交、工作和休闲娱乐,彼此相互调剂。[①] 同理,在一周之内,有一些并非需要天天做的事情,可以和日常工作相互调剂。例如,没有必要每天进行社交、有氧运动,可以把几次活动分散安排在一周。对于一周以上的时间段,则着眼于无需每周都进行的活动,作出合理安排。例如,可以安排自己隔一两个月与朋友聚一次,作为从工作中得到放松的手段。

---

① 参见〔美〕曼弗雷德·库恩:《康德传》,黄添盛译,上海人民出版社 2008 年版,第 260、261 页。

(五) 留有余地

根据墨菲定律,任何可能出错的事情都会出错,意外是生活中难免的。笔者的一名学生说,往往在下决心要写论文时出现一些需要处理的事情,家里的事情、朋友的事情接踵而至。好不容易处理完了各种事情,结果自己的身体状态又不行了,或许情绪又不好了。如此一来,几乎形成了一个规律:只要决定去写论文,就有意外发生。基于这一考虑,除了尽量把重要的事情安排在前面,日程还不应当被安排得过满,要具有一定的灵活性,从而使得在出现预料之外的应当处理的事务时,不至于措手不及。这一道理,在一个故事中得到了充分体现。据说有一家医院约有30个手术室,所有手术室的手术都安排得很满。如果需要进行紧急手术,则要暂停原定的手术安排,这就使得所有计划中的手术都受到影响。后来,该医院就留出了一个不安排任何手术的手术室,专门用于进行紧急手术,从此以后,手术安排经常被打乱的情况就基本得到了避免。

在日程上留有余地的同时,并不意味着只要没有出现不可预见的事项,我们就无事可做。相反,我们之前已经制订了一个下一步行动清单。如果在留出的机动时间内没有需要处理的意外事项,则可以在清单上选取适当的行动,以推进待办事项的完成。

(六) 限定时间

很多工作的投入时间是可长可短的。面对这样的任务,如果不是有意加以控制,则我们容易将所有可支配时间都投入其中,即有多少时间,这项工作就会占用多少时间。尽管投入时间越充足,完成的效果通常越好,但当超过一定限度时,额外的时间投入所带来的收益是有限的。因此,在为各项工作安排时间的时候,我们应当确定合理的时长,而不是有多少时间就投入多少时间。否则,在投入时间过长的情况下,效果并没有明显提升,实际上单位时间的产出会下降。一旦明确了自己将用多少时间来完成一项工作,则会产生一定的紧张感,有助于提升效率。相反,如果只是确定了开始工作的时间,而不去追求在什么时间之前完成工作,则容易因为缺乏紧张感导致进展较慢,而工作完成时间也存在较大的随意性。如果有一些工作是经常出现的,则应当确定合理的时长。在体制内,一些高级领导干部将工作会见的时间控制在 15 分钟以内,将工作餐时间控制在 1 小时以内,这种做法就值得我们借鉴。一些研究生在写论文的时候,容易因为自己(终于)开始写论文而自我满足,甚至陷入廉价的自我感动,而不对论文写作中的具体工作限定时间。尽管开始写作本身值得肯定,但是,如果只满足于自己在写论文,而不注重效率,则必然影响整体进展。

我们在进行娱乐活动的时候,也要限定时间。通常而言,我们都有兴趣从事娱乐活动,乐在其中,因此不会有强烈的动机去限定时间。此外,在多人从事娱乐活动时,第一个离开者还有让他人扫兴的风险,因此,参加者有可能碍于他人的考虑而不好意思控制时间。然而,娱乐方面的时间投入也过犹不及,超过合理时间之后,其额外收益也是很有限的。

(七)时间单位

在安排日程的时候,要选择适当的时间单位。时间单位越小,则对日程的安排越精细,越能够避免时间的浪费。值得参考的是,我国领导人的日程都是以分钟为单位安排的,一次会议、活动、会见的时间往往会预先精确到分钟。反之,时间单位越大,日程越粗放,则本来需要不足一个单位时间的事项往往就会用较长时间:一个小时可以完成的事项,却安排了半天;半天可以完成的任务,却安排了一天。当然,时间单位也不是越小越好。时间单位越小,则需要提前对一件事情的所需时间做出越精确的估算,而这一点对普通人而言往往存在一定困难。我们建议原则上以半小时,即一个番茄钟作为时间单位,来安排自己的日程。以半小时为时间单位,避免了以分钟为时间单位过于琐碎,也避免了以小时、半天、一天为时间单位安排日程导致过于粗放的不足。此外,以半小时为时间单位来安排日程,同时从整点、半点开始安排日程,结合使用番茄工作法,则方便计划,也方便事后对时间支出情况做出记录,可谓一举多得。

(八) 一时一事

我们应该让大脑在同一时间只处理一件事情,还是同时处理几件事情? 如果同时处理几件事情,则似乎效率翻了几倍。基于这一认识,很多人往往养成了同时做几件事情的习惯(multi-tasking)。在电子设备如此普及的当下,这种做法越来越普遍:在写论文的时候,利用间隙刷刷朋友圈,看看有无新消息,还省得事后再去刷手机;在写论文的时候看到一条短信就秒回,也就随手处理完了一件事情;跟朋友相聚的时候,时不时看一眼手机,也就不会耽误什么事情。此外,无论是电脑还是手机,都可以同时运行很多应用,这也为我们同时处理几件事情提供了极大便利。

然而,同时做几件事情并非一个好的安排。大脑在不同事情之间进行切换的时候,存在切换损耗(switch cost)。大脑的工作记忆容量是有限的,在切换任务的时候,就要把之前占用了工作记忆容量的事情排除出去,即尽可能忘记相关信息,以便腾出空间来完成新任务,而再切换回来,则又要排除第二个任务,重新提取第一个任务的相关信息。因此,在同时做几件事情时,大脑并非在同一时间考虑几个问题,而是在不同任务之间切换,大脑忙于排除前一个任务的信息、提取下一个任务的信息,周而复始。我们通常也能体会到,如果在做一件事情的过程中被打断,后来再去做第一件事情时,则需要一定的时间才能够进入状态。有鉴于此,我们主张不要让大脑同时考虑几件事情,而是要一心一意,在一个时间就安排自己做一件事情。

三、日程形式

日程安排应该有一个载体,这一载体可以采取不同的形式。无论采取何种形式,日程都应当一目了然,方便我们统筹安排学习、工作、生活中各种需要处理的事项;应当既不会过于频繁地提醒,又不至于根本无法提醒,而是要能够在恰当的时节提醒我们;如果日程能够同时提供过往记录,则锦上添花。下文着眼于这些功能,分析一些常见日程形式的优势和不足。

(一)便利贴提醒

在便利贴上写上需要做的事情,贴在电脑屏幕等自己能够看到的地方,可以防止遗忘。把待办事项写在笔记本等地方,通过翻阅来提醒自己,原理相同。不过,这种做法虽然方便,却有一些明显的不足。其一,如果将所有需要做的事情都写下来,则必定非常多,令人眼花缭乱。实际上,相关事情必然是在未来不同时间完成的,没必要在完成之前一直让自己意识到这些任务。如果在完成待办事项之前把它们都贴在电脑屏幕周围,则自己一直受到提醒,不利于将全部注意力集中在当前任务上。其次,便利贴上只是写了待办事项,但对安排在哪一天、什么时候来完成、不同任务之间如何组合,都只能在脑子里进行,而不是以可视化的方式一览无余地统筹安排。

(二)当天事项清单

一些人不用便利贴来提醒自己注意个别事项,而是把一天要做的事情列成一个清单,做完一项划掉一项。采用这种待办事项清单(to-do list)有两个好处。其一,被列上了当天日程的事项,通常就不会忘记,这一清单也就像便利贴一样起到提醒作用。其二,与便利贴只是提醒自己关注一些个别事项不同,这一清单着眼于全天安排,而不是限于个别容易被遗忘的事项。不过,这种做法也存在三个不足。一是这一清单只着眼于一天的安排,不将一天以上的时间段纳入考虑范围。二是这种清单缺乏足够的灵活性,当出现需要临时处理的事情时,原有的计划会被打乱,只能弃之不用。三是采用这一做法需要每天都制订一个清单,这对个人的恒心和毅力都提出了较高的要求。在难免发生懈怠的情况下,制订当天待办事项清单的做法容易发生中断。

(三)中长期计划

一些人既不用便利贴提醒自己关注具体事项,也不列出当天的待办事项清单,而是致力于制订中长期计划,如年度计划、学期计划。在制订计划时,个人通常跳出日常琐事的局限,采取比较宏观的视角,反思自己的人生观、价值观,确定相应的目标。不过,制订中长期计划本身固然有意义,但对当下要做什么事情没有具体的指引作用。因此,这类计划在被制订之后往往被束之高阁,制订者在日常生活中继续之前的做法。严格意义上,此类计划对当下没有指导作用,实际上都不构成日程。

（四）一周日程

便利贴提醒和当天待办事项清单着眼于个别事项或者一天日程,视野太窄;而中长期计划则过于宏观抽象,视野太宽,都不能为日常的时间管理提供实质性帮助。有鉴于此,我们主张以周为单位来安排日程。为了方便进行可视化思考,一周的日程应当在一张纸或者一个屏幕上一览无余,无须翻页或者翻屏就可以一览无余,统筹安排。如果是在纸质本上制订一周日程,可以把记事本上翻开之后的左右两面合并为一个整页,分为7栏,代表7天,在每一栏上可以写当天的待办事项,7天的安排都呈现在眼前,无须翻页就一目了然。如果采用电子方式,我们建议用一周占一行的年历Word文档作为一周日程模板。表格一共53行,代表一年的所有周,每一行中的一格代表一天。时间已经确定的待办事项,无论距离今天还有多长时间,都填写到相应位置,其他空白部分就是可支配时间,可以酌情安排时间待定的事项。

在制订下一周日程安排时,我们把时间确定的待办事项填在相应位置,空白之处,就是下一周的可支配时间。之后就可以拿出下一步行动清单,按照日程安排的八个原则,统筹安排下周每一天在什么时间,大约用几个番茄工作时间,完成什么任务。到了下一周,就按照既定日程行事。如果临时有变化(如取消一些事项,增加一些事项,调整一些事项的时间),则在日程上作出调整并记录。如果投入在一个任务上的实际时间偏离了计划,也在日程上记录。如此一来,日程就成为准确的当天时间支出的记录,从而也达到了记录实际支出时间的目的。如果采用的是电子文档,则当一周结束时,可以把这一周的一行剪切下来,放在文档最后面,从而使得一打开文档,当前周的安排就出现在最前面。

以一周为单位来安排日程有两个明显好处。其一,这有利于在不同事项之间进行相互调剂。将一周纳入视野,方便我们在工作日和非工作日安排性质不同的事项,使得它们之间相互调剂,而这是以天为单位的日程无法做到的。对教师而言,上课时间是确定的,上课之前需要安排一定的备课时间,可能还需要安排一些时间用于完成行政任务,剩下的时间则可以用于科学研究、处理生活事务、娱乐。把备课、上课、行政事务所需要的时间填在日程表上之后,就能看到有多少时间可以用于其他事项,进行统筹安排。对于研究生而言,情况也是类似的,上课、班级活动等事项的时间是确定的,剩余的时间可以供自己支配。其二,以一周为单位来进行安排,可以协调中长期计划和日常安排之间的关系。在一年、半年计划中所确定的目标,可以用来指引一周的日程安排。就特定一天作出安排时,可以兼顾本周其他各天的安排,将某一天的安排作为本周整体安排的有机组成部分。如此一来,以周为单位的日程就起到了承上启下的作用,既能指引每天的活动,也可以和中长期计划发生联系。

在安排下一周日程的时候,我们建议先进行一周回顾,在此基础上制订下一周的计划。在回顾的时候,基于上周的时间支出记录,分析自己实际的时间支出情况,发现哪些时间没有被利用起来，哪些事情是应当拒绝或者委托他人的。对于不应拒绝也不应委托他人的事项，我们要统计自己上一周采取了什么行动，取得了哪些进展，还有什么提高空间。基于这些信息，我们就可以对下周的日程作出更好的安排。在进行下一周日程安排的时候，要结合自己的工作效率，尽可能准确地估计什么事项需要多少时间，对各个待办事项安排适当时长。我们既要避免对一个任务安排太长时间从而影响其他工作的进展，也要避免对一项工作安排的时间过短，以至在计划时间内无法完成，而需要再次甚至多次启动。

就论文写作而言，在一周回顾中应当统计上周在论文上投入了多少时间，完成了什么工作，取得了什么进展。进行回顾，就能够让自己清楚已经完成的工作，以及主动估计仍然有待完成的工作。通过对时间投入和产出进行分析，能够对自己的效率（写作的速度）有比较客观、准确的认识。基于这些信息，对论文的进展就能有一个相对可靠的估计，可以预估什么时候能够完成。如果有进展较慢、可能无法按时完成的情况，也就能够及时发现问题，并进行必要调整。

第十章　克服拖延

赢得时间、调整状态、安排日程是实现任何目标的必要而非充分条件。除此之外，我们还需要克服拖延倾向，让自己行动起来。下文先探讨拖延现象，之后分析拖延的原因，最后尝试提出一些对策。

一、拖延

(一)概念

如果自己身心状态良好，到了日程上确定的写作时间，却没有去写论文，就构成论文写作中的拖延。我们可以区分明显的拖延和隐蔽的拖延两种类型。

1. 明显的拖延

在应该写论文的时候不去写论文，却做完全不相关的事情，这就是明显的拖延。人在焦虑、痛苦的心态下，往往更容易被其他事物吸引，普通的娱乐项目似乎变得更有意思，甚至一些小物件(如文具)都可以被当作玩具。我们会很有兴致地从事各种娱乐活动，如阅读杂书、泡咖啡厅、刷剧、刷综艺、刷手机等。在很多时候，因为知道自己应该工作，去娱乐会导致内心不安，我们就会去做一些其他具有一定意义的事情，从而让自己能够心安理得地以"我在做其他必须先做完的事情"为由，来回避写作任务。于是，我们在应该写论文的时候，会自欺欺人地告诉自己，一些本来可做可不做、可早做可晚做的事情，必须现在就做，从而把自己从"水深火热"的论文写作中解救出来。我们就跟脱胎换骨了一样，平时懒得做事，这时却变得特别勤快，一直去收拾房间、洗衣服、收拾个人物品、整理电脑上的文档、调试电脑等。如果这时有人来找自己帮忙，也往往会欣然答应，并尽量拖长时间去完成他人托付之事，以此回避论文写作。

2. 隐蔽的拖延

除了明显的拖延，我们也可以进行隐蔽的拖延。其特点是在面对写作任务时，迟迟不直接着手核心工作，而是一直致力于边缘性工作，导致无法取得切实进展。这种情况，在论文写作的各个阶段都可能发生。下文就对在后勤准备、文献收集、论文构思、初稿写作等阶段中可能出现的隐蔽拖延，进行简要梳理。

充分的后勤准备对论文写作具有重要意义。所谓"磨刀不误砍柴工"，"工欲善其事，必先利其器"，因此，准备得当，则事半功倍。在这种意义上，后勤准备是论文写作工作的一部分，在很大程度上影响论文写作的效率。然而，世间的事情过犹不及，在准备阶段投入的时间、精力过多，超出了必要的程度，就构成拖延。笔者对此有切身体会。笔者在德国开始写博士论文之前，想到未来肯定会打印、复印很多参考文献，因此要提前准备足够数量的文件夹，方便到时候分门别类地归纳、整理文献。于是，笔者在二手交易网站上求购文件夹，最后与一个卖家达成交易，双方约好了在汉堡港口附近新修的地下隧道附近碰头交货。见面时，卖主说其所在的公司修建了易北河的地下隧道，完工之后需要处理使用过的文件夹,同时很好奇为什么笔者需要购买如此多的文件夹。在得知是用来整理博士论文所需文献之后,卖家肃然起敬。但实际的情况是,后来收集的纸质版文献完全没有用上这些文件夹。而纵观本次交易,前前后后的线上洽谈、线下见面倒是花了很多时间,而实质性的论文写作任务却没有任何推进。在笔者自曝这桩"丑事"之后,有学生跟笔者说,在应该开始写论文时,她先想着要给自己创造一个良好的环境,于是开始收拾书桌。书桌收拾完毕,再把周边收拾一下。另外,既然要写论文,就购买、阅读一些关于论文写作的书。到后来,发现自己还是没有开始写作,就怀疑自己是在拖延。为了让自己开始写论文,又买了一些关于拖延的心理学著作来阅读。此外,为了写论文,还购置了新电脑、鼠标、打印机等外围设备。还有,为了给自己找一个适合写论文的环境,她打算在周边咖啡厅进行写作,于是去考察附近的咖啡厅,对环境、价格进行调查研究,并进行相互比较。直到这个时候,都还没有真正开始写作。

进入文献收集阶段之后,每收集到一篇文献,都会有小小的成就感。相对文献的阅读而言,收集文献是比较轻松的工作。只要文献收集工作没有完成,就有借口不去阅读文献。于是,遇到一些暂时不好找到的文献,就穷追不舍,实际上我们以此来拖延阅读文献。

构思论文非常关键,构思没有完成就贸然开始写初稿,迟早会遇到障碍,最终还是会重新回到构思阶段。然而,在构思已经相对成熟的时候,我们有可能出于对初稿写作的恐惧而继续投入长时间的构思,并告诉自己想清楚以后再来写。实际上,我们就是以没有完成构思为借口来拖延初稿写作。

初稿写作无疑是论文写作全过程中最为困难、最有挑战性的任务,因此,在已经进入初稿写作阶段之后,我们在潜意识里会寻找逃避的机会。逃避的方式有很多。例如,一碰到一些细节问题,因为记忆不是特别可靠,就开始查找资料,进行核实。实际上,这就是通过文献收集和阅读,来回避初稿写作。

总而言之,在论文写作的各个阶段,都有可能发生隐蔽的拖延。某种意义上,隐蔽的拖延比明显的拖延更危险,因为表面上自己仍然在进行论文写作,可以心安理得,实则效率低下,未能取得进展。

(二)心理

在拖延的时候,我们的内心往往会感受到多种复杂的情绪。

庆幸:由于被拖延的工作令人恐惧,我们本着能拖一会儿是一会儿的心态先享受当下的轻松时光,因为还没有去做又难又累的正事,心里在一定程度上感到庆幸。

没兴趣:通过娱乐活动来回避困难的工作。由于其实一直惦记着工作,娱乐并不能够给自己带来真正的乐趣。平时有趣的娱乐活动,在拖延的情况下,其实也索然无味。

不切实际的幻想:拖延者通常希望出现某种变故,让自己可以推迟完成,甚至不必再完成相关工作。如果出现不可归责于自己的原因,导致自己无法完成工作,则这种结局几乎是求之不得的,甚至自己在心理上会非理性地愿意接受另外一个不利后果。这在以下几个例子中得到了充分体现。2014年的一天,瑞典隆德大学化学系的特纳(Charlotta Turner)教授收到来自博士生加码哈

（Firas Jumaah）的信息，说 IS 迫害当地人，自己和家人躲在一个废弃工厂，因此无法完成博士论文，后来特纳教授委托一个保安公司，由其派出四名雇佣兵解救加码哈及其家人，以确保加码哈能够继续写他的博士论文。笔者推己及人，猜测加码哈被救的时候，尽管因为自己和家人得救而高兴，但同时也因为要再次面对博士论文的写作任务，可能心里也会有一些失落。根据笔者对自己学生的了解，他们如果身处这种境地，大概率会因为不用写论文而松一口气，同时希望笔者不要自行或者委托他人营救。北京航空航天大学的博士生导师桂海潮在执行航天任务时，其学生很有可能觉得可以等导师回来再推进论文写作，但最终桂教授决定在太空中和学生们开会，督促学生论文的进展。当得知继续如期开会的时候，学生们很有可能因为无法拖一拖论文而感到失望。笔者在博士论文没有取得进展的时候，每次从德国回中国度假，都因为暂时不用面对论文而高兴，而每次回德国的时候都因为要面对论文而沮丧，有时候甚至想，如果回德国的飞机失事也不错，自己就不用继续写论文了，而且这件事还不能归责于自己。笔者的一位学生在毕业论文处于攻坚阶段时，每天在宿舍和图书馆之间"两点一线"，"为伊消得人憔悴"，有时候心情沮丧，在坐电梯时不禁会想，如果电梯出事就不用写论文了。

纠结：我们知道，迟早是要面对论文写作的，因此，在拖延时，我们每时每刻都在考虑是否要结束拖延、开始工作。只要没有结束拖延，就一直在继续和结束拖延这两个选择中举棋不定，内心非常纠结。

无力感：我们认为，论文写作是一项庞大的任务，自己当下能做的事情对完成任务而言是微不足道的,因此,自己现在做什么都没用,自己不可能完成论文,因而倍感无力。

自责和自我否定:在拖延时,我们知道自己没有做应该做的事情,因此会自责、自我否定。拖延的时间越长,我们就越责怪和否定自己。

后悔:因为拖延而产生的时间浪费,会让我们不断地回想、计算自己浪费了多少时间,从而陷入长时间的后悔状态,幻想自己要是一开始没有拖延就好了,幻想如果自己没有浪费这些时间就好了。当幻想结束时,发现现实是如此惨淡,自己已经浪费了这么多时间,陷入更深的后悔情绪,进而浪费更多的时间。

焦虑:在拖延的时候,我们尽管得以暂时回避论文写作,但因为知道没有取得进展,心里会产生自己不能及时完成论文的担忧。这一可能的消极后果,就让我们感到焦虑。焦虑的程度,也与拖延的时间成正比。

怀疑自我、丧失自信:拖延让我们焦虑,而焦虑会进一步让我们怀疑自我,对自己的能力、价值产生怀疑,产生不自信的心理,怀疑自己根本无法完成任务,没有写论文的能力,不适合写论文,进而更会自我提高行动的难度、加重拖延,这是一个恶性循环。

绝望:如果拖延过久,可以确认自己无法完成论文了,那么心里很容易产生绝望情绪。想想自己本来是可能完成这一任务的,因此心生悔恨,并进一步否定自己,给自己贴上无能和意志薄弱的标签。

总之,拖延导致种种消极情绪,造成精神内耗,导致自己在心理上处于无力乃至瘫痪状态。

(三) 危害

拖延带来的负面效应不容忽视。其一,其对论文写作的进度产生了消极影响,甚至导致研究生无法及时完成并提交论文,只能延期毕业甚至根本无法毕业。在人生履历中,读了研究生而没有拿到学位,将在很多重要场合影响他人对自己的评价,从而可能失去一些机会。其二,如前所述,拖延会导致一系列强度不同的消极情绪,使拖延者在这个过程中备受煎熬。如果对这些消极情绪处理不当,则有可能发展为抑郁等心理疾病,而这又将导致个人更加无法胜任论文写作的任务。因此,认真对待论文写作中的拖延,具有重大意义。

二、原因

为了克服拖延,我们需要了解产生拖延的原因,以便有的放矢地找到相应对策。

(一) 信心不足

与在规定时间内即可完成的几百字作文不同,学术论文篇幅较长,无法速战速决、一蹴而就,需要用较长时间才能完成,一篇论文写上几周、几个月,是很正常的现象。就硕士学位论文而言,某种意义上如果学生从一入学起就为此着手准备,到研二开题,研三下半学期提交,时间跨度可达数年。就篇幅而言,硕士学位论文仅正文部分就要达到 3 万字。在其人生中,学生第一次要花很长时间写一篇在其看来篇幅极为可观的论文。然而,其平时的书面表达可能大多局限于碎片化的微信消息,因此,正文3万字以上的学位论文顿时令人倍感"压力山大"、望而生畏。当下能够做的具体工作,如读一篇参考文献、思考论文框架、对其中一个问题写上几句自己的思考等,相较于整篇论文的工作量来说,作用看似微乎其微。如此看来,写这篇论文堪比愚公移山、精卫填海,是几乎不可能完成的任务。除了较高的篇幅要求会打击信心,对论文写作中一些阶段所需时间作出过高估计,也会动摇学生的信心。笔者的一名学生为了写毕业论文下载了大约1000篇论文,在读前几篇时每篇花了一两个小时。按照这个速度,读完1000篇论文需要1000到2000小时。如果按照一周工作40小时来计算,这就至少需要25个星期才能读完文献。得出这个结论之后,她觉得自己根本没有这么多时间,完成论文是不可能的。论文写作非常复杂,完成时间长,笔者的学生有时候把它想象成一个庞大的、难以完成的任务,所以产生了拖延的心理。还有学生害怕无法按时完成论文写作任务,害怕论文完成后出现自己不能接受的结果。比如完成论文后老师的反馈不理想,需要进行更多、更难的修改,或者是完成论文后会被安排更多的任务,因此会用拖延的方法,规避可能出现的责任、老师与他人更多的期待。

如此看待论文写作中的种种挑战,我们就容易认为完成论文是不可能的任务(mission impossible),从而信心不足,进而对论文写作任务心生恐惧。一旦产生恐惧心理,个人就会采取各种措施千方百计地拖延,以此回避论文写作。然而,"躲得过初一,躲不过十五",拖延并不会导致任务消失,相反,无论拖延者去哪里,去做什么,论文写作任务都如影随形。想到这一点,恐惧心理又会加剧。如此一来,越拖延则越恐惧,越恐惧则越拖延,两者之间形成恶性循环。

(二)"还有时间"

在很多情况下,我们不采取行动的原因是以为还有很多的时间。一般来说,一个任务的截止期限越遥远,对当下越不构成压力;随着截止期限的临近,我们所感受到的压力就持续增长,而压力达到一定程度,就会推动我们采取行动。之所以会觉得自己还有时间,主要有两个因素。其一,低估了自己完成论文所需要的时间,从而认为还有充分的时间,可以暂时搁置论文写作。而在低估所需时间的同时,往往也高估了自己完成论文的速度,认为只要自己集中精力全力以赴,就能够快速完成。其二,过于理想化地认为可以将在截止期限到来之前的时间全部用在论文写作上。实际上,计划往往赶不上变化。万一临时出现需要处理的其他任务,会导致自己在论文写作上的可用时间减少,从而没有足够的时间。这种情况在很多时候是用未来"透支"现在的轻松,给未来的自己挖坑,并且把未来的自己当成效率极高的论文大师。

笔者在本书的写作过程中,就进入了这两个误区。2020年10月,蒋浩老师向笔者约稿,约定到2021年年底交稿。笔者心想,讲讲自己的经验教训,不像写论文一样需要投入大量时间进行研究,而是可以直接就写,应该不需要多少时间,于是没有马上动手,只是开始进行一些思考。到了2021年下半年,笔者终于开始动笔,而动笔之后,才发现自己的思考很不成熟,本书的写作远非简单地把自己已成形的做法和想法写下来,而是需要进行深入思考。即便认识到这一点,因为组织"中德宪法论坛"(包括撰写会议论文),从事教学、行政等工作,笔者也未能全身心投入本书的写作。等快到年底了,才全力以赴进行冲刺,不想这时候来了一项其他重要任务,占用了很多时间,最终本书未能如期交稿。而错过交稿期限之后,基于"破罐子破摔"的心理,觉得反正已经食言了,早一点晚一点都是晚,后来就更不着急了,最终一拖再拖。

(三)完美主义

我们从小就被教育做什么事情都不能马马虎虎,要么不做,要做就做好。在这种意义上,我们都有完美主义的倾向。这可以区分为过程中的完美主义和结果上的完美主义。

过程中的完美主义,是指在做一件事情的过程中,在每一个阶段、每一个细节上都投入大量时间与精力,追求完美。然而,严格说来,绝对的完美是不可能的,追求完美就导致久拖不决,没完没了。只要在论文写作的任何一个阶段没有达到完美,就不进入下一个阶段,这就导致停滞不前,让我们倍感痛苦,结果是我们不想再面对写作任务。我们以构思和初稿写作为例。构思阶段的任务是发展出一个可行的框架结构。在完美主义思维的影响之下,只要发现框架中仍然有一丝的不确定,我们就会反复推敲,继续阅读文献,继续打磨。然而,完美的框架是不存在的,即使存在,也是在写出初稿、后续修改之后才能出现的。追求完美构思就会导致永远无法完成构思并进入下一阶段的工作。相比之下,初稿写作中更容易受到完美主义思维的阻挠。笔者甚至猜测所有人在一开始写作初稿的时候,都曾经掉进追求完美的陷阱。之所以如此,是因为阅读的文献都是他人的定稿而非初稿,因此也就要求自己的书面表达必须是经得起推敲的,甚至是完美的。如果达不到这个要求,心理上就无法接受。因此,每一句都反复推敲,一直到自己满意为止。于是写了删,删了写,一天下来也没写几句,导致自己有强烈的挫败感。由于不能取得进展,自然也就产生厌烦乃至恐惧心理,从而引发拖延。写作中追求完美主义,有时候会导致一些令人唏嘘不已的后果。笔者于2002年到汉堡大学法学院攻读博士学位,研究所提供的办公位置此前由一名韩国师兄用了4年,之后他到法学院图书馆继续写论文。2007年笔者毕业,他仍然没有完成学业,之后笔者多次回到汉堡大学时都见到过他。有一次笔者跟他交流,他说已经写了一千多页初稿,但是还不完善,需要继续修改。导师要求他尽快完成学业,他说自己这辈子只写一次博士论文,一定要认真对待。最后一次见面之后,不知道这位兄长进展如何,笔者衷心祝福他一切安好。

结果上的完美主义,是指要求自己"不鸣则已,一鸣惊人",取得完美的结果,而如果不能取得完美的结果,则心理上无法接受。甚至,没有结果都好于没有完美的结果。那么,如果知道自己不可能取得完美的结果,只要进行拖延,就不会出现任何结果,自然也就不会出现不完美的结果。因此,如果对完美的结果有执念,拖延就是一个合理的行为。

(四)优柔寡断

在论文写作过程中,需要对一系列问题作出决断:选择什么题目?看哪些文献?阅读参考文献的时候,一篇论文是精读还是泛读?有了几个思路后,应当按照哪个思路确定框架?写作初稿时,从哪个部分开始?一个飘忽不定、转瞬即逝的模糊想法,如何表述为文字？当同一个意思有不同的表达方式时,应当采取哪种表达方式？初稿写作中卡壳的时候,在几个调整思路之间,应当如何选择？论文写作过程是一系列作出选择和决断的过程。如果一面临选择,就优柔寡断,缺乏魄力,无法作出取舍,就会在潜意识里回避决断,导致拖延。如果我们天性果断,做事雷厉风行,则较少出现这个问题。如果平时就畏畏缩缩,前怕狼后怕虎,做事情考虑太多,则容易当断不断,导致拖延。

三、对策

了解了论文写作中产生拖延的原因,我们就可以采取一些有针对性的措施。

(一) 调整认知

1. 调整情绪,接纳自己

我们一旦发现自己拖延,就容易苛责自己,产生后悔、自责心理,甚至自我否定。而一旦给自己贴上无法战胜拖延的标签,这就成为一个自我实现的魔鬼预言。之所以如此,其实还是因为认知问题,即认为人都应当是自律的,而拖延就是意志薄弱。

我们应当纠正这一看法。趋利避害是生物的本能,也是进化的原理。尤其在食物供应没有保障的情况下,不做出任何行动可以节约能量,有利于个体生存。就此而言,可做可不做的事情就不做,这是刻在生物基因之中的,人也是如此。就像用日心说取代地心说一样,我们要停止谴责拖延,接受拖延合乎天性的观点。认识到了拖延合乎天性,我们就可以实现与自己的和解,接纳自己,并在这个基础上心平气和地想办法克服拖延。

2. 培养自信，消除恐惧

导致拖延的一个重要原因是认知上出现了偏差，我们应当从调整认知入手。那么，对于信心不足的问题，我们要相信自己是能够完成论文的。就硕士学位论文而言，从统计上来看，往届的绝大多数学生都能够按时完成论文。如果确认自己是普通人，那么，就应当相信自己能写出论文。除非出现重大疾病等意外，否则普通学生没有理由写不出论文。甚至，从统计来看，论文被评为优秀的学生的数量通常超过未能完成论文的学生的数量。因此，就概率而言，一个学生更有可能完成一篇优秀论文，而不是无法完成论文。换一个角度来看，完不成论文要比论文被评为优秀更"难"，是一件概率更小的事情，需要为此付出更多"努力"！

因此，如果得出无法完成论文的结论，就可以肯定是自己的判断出了问题。这既适用于论文写作的全过程，也适用于其中的一个阶段。比如，一旦认为某一阶段的工作是无法完成的，就要告诉自己肯定判断有误。又如，预计阅读文献将占用海量时间，就是一个错误判断。实际上，一旦开始阅读就知道，围绕一个主题进行的阅读会越来越快。对一个问题有了一定了解之后，能够很快判断一些文献是否需要阅读。对需要阅读的文献，也并非全都需要精读，而是大致浏览即可。因此，如果阅读第一篇文献需要 1 小时的话，阅读第一百篇文献可能只需要几分钟。

总之，"大家行，我也行"，要相信自己能够完成论文写作，树立信心，消除恐惧心理。

3. 实事求是，降低期待

针对因误以为"还有时间"而导致的拖延，我们要实事求是地估计完成任务所需要的时间和自己的写作速度,并加上一些缓冲量。保险起见,可以把论文写作所需要的时间估计得多一些,而对自己的写作速度估计得低一些,并考虑到后期可能会有临时事项需要处理。如此一来,就会发现自己并没有太多时间,需要马上采取行动,从而产生紧迫感,避免拖延。

针对完美主义的思维误区,我们要降低对自己的期待,不要求自己出手不凡、"语不惊人死不休",卸下心理负担,轻装上阵。特别是对刚开始写作论文的人而言,完美主义思维的一个重要来源,是自己看到的文献在选题、结构、内容和语言方面几乎都是完美的,因此自然而然地也就要求自己在这些方面做到完美,进而每一步都精雕细琢,最终停滞不前。实际上,所谓艺术是不完美的,完美的不是艺术,这完全适用于论文写作。任何一篇论文都不是完美的,顶多只是相对完美,而且都经历了从非常不完美到相对完美的过程。我们要接纳自己的初稿是杂乱无章、惨不忍睹、一塌糊涂的,先把自己的粗浅想法落实到书面上,并在这一基础之上,提高表达的精密与细致程度,逐步进行完善。总之,我们要戒除完美主义思维,尤其不要在初稿写作中盲目追求完美,不让"完美"成为"好"的敌人,这就能够让我们轻松地走出第一步。

4. 当断即断,快速决策

在论文写作过程中遇到难以决策的问题时,往往花再多时间去思考,最终的决策质量也不会有太大改善。对此,笔者建议采取两个做法。一是 30 秒决策法。在前期准备工作都已经完成,已经思考了不同方案的利弊之后需要拿主意时,就用 30 秒左右的时间做出决策,之后就继续往前推进。事实上,在难以决策的情况下,相信自己的第一印象往往不会有太大的偏差。相反,花再多时间去推敲,最后的决策也很有可能与最初的倾向一致。通过30秒决策法,就能够节约大量时间。二是抛硬币。如果在两个方案之间难以决策,就意味着两个选择旗鼓相当,在某种意义上都是正确的。既然自己无法选择,那么,就通过抛硬币的方式由天意帮助我们作出选择,结束悬而不决的状态。

(二)固定时间

如果在每次写论文之前都需要特别安排时间,则容易发生拖延。如果没有决定在什么时候去写论文,那么,这件事情就一直处于搁置状态。一旦允许自己决定在什么时间去写论文,我们就可能想先放松一下,或者先做别的迟早也要做的事情,之后再开始写论文。然而,无论是纯粹放松,还是做别的事情,时间不知不觉就溜走了,最终论文写作从上午推迟到下午,从下午推迟到晚上,从晚上推迟到第二天,明日复明日,明日何其多。对此,一个有效的办法,就是固定写作时间,到了这个时间就必须进行论文写作,而无需每次单独就此耗费意志力去做出决定。如果一段时期内每天的情况都差不多,则可以一劳永逸地确定一个反复适用的默认日程,并在其中置入论文写作时间,这样就不用每天通过消耗意志力来决定当天什么时候写论文。将写作时间固定在每天的日程上并严格遵守,有助于避免自己拖延。同时,养成了在固定时间进行论文写作的习惯,也能降低写作的心理门槛。此外,每天进行写作,有利于让自己保持状态,让论文写作变得简单。很多作家都有固定时间进行写作的习惯。例如,海明威每天早上六点半起床写作,一直写到上午十二点半;查尔斯·狄更斯也早起,每天下午 2 点前停止写作;罗伯特·弗罗斯特在下午 2 点开始写作,经常写到深夜。只要固定了写作的时间并予以遵守,自然就能够避免拖延。

(三)细化任务

一个任务越大,越抽象,其完成之日越是遥遥无期,则导致的压力越大,越让人感觉无从下手,从而催生拖延心理。对此,克服拖延的一个秘诀在于细化任务,即把一个大的任务分解为一个个毫不费力的、可以马上着手去做的小任务,甚至是在 5 分钟之内就可以完成的任务。马克·吐温说:"取得进展的秘密在于开始。开始的秘密在于把复杂而有压倒性的任务分解为小而易处理的任务,并从第一个开始。"① 我们可以运用这一原理,把论文写作这一宏大的任务分解为一个个具体的、马上可以采取的行动。具体而言,论文写作包括选题、收集文献、阅读文献、构思、写初稿、修改等阶段。每一个阶段都可以被细化为很多小任务,可以通过一个或者多个马上可以采取的、易于着手的具体行动来完成。例如,在选题阶段,我们可以翻翻期刊目录,了解本领域学者们讨论什么学术问题;收集文献也是一个宏大的任务,可以给自己设定具体的任务,如先收集几篇相关的论文;对阅读文献任务也可以进行分解,如找一篇自己大致感兴趣的论文,下载下来,看看摘要和大小标题,看看开头和结尾,先不管论文写作中的其他事宜。

---

① The secret of getting ahead is getting started. The secret of getting started is breaking your complex overwhelming tasks into small manageable tasks, and starting on the first one.

只要明确了自己当下可以毫不费劲去做的事情（如确定了一件用5分钟就可以完成的任务），通常我们就能够毫无心理负担地着手去做，让自己行动起来，一点一滴地推进论文的进展，直到最终不知不觉完成整篇论文的写作。

这一做法之所以有效，大致有如下四个原因。

一是顺应了即时满足的心理倾向。当完成一件任务时，人们能够获得回报，得到心理上的满足。但何时得到满足，对人的动机强弱产生重大影响。人类天性热爱即时满足、排斥延迟满足。如果能够即时满足，即使这一满足是微不足道的，人们通常也乐此不疲，可以长时间重复做同一件事情。相反，如果当下的努力和报酬相隔太远，则人们通常会缺乏动力。这一原理，能够解释生活中的很多现象。嗑瓜子时，每磕一个瓜子，立即可以享受到瓜子仁的美味，因此长时间嗑瓜子并非难事；打电子游戏也能够得到即时反馈，令人乐此不疲；刷手机短视频、阅读微信公众号上的短文，用几分钟就可以完成，得到一些小小的快乐；在微信上跟人聊天，你一句我一句，实际上也提供了即时满足，从而可以长期持续。试想可知，如果嗑瓜子不能马上吃到瓜子仁，打游戏没有即时反馈，花几个小时看长剧读小说，给朋友写长信，因为不产生即时满足，所以这些活动的吸引力大大降低。我们不应该尝试改变人类喜欢即时满足的天性，而是要顺应这一天性，让一个完成大任务的过程能够经常提供即时满足。基于这一思路，我们把长期目标分解为一个个小目标，而每达到一个小目标，都能够得到一定的满足，这就能够激励我们继续追求下一个小目标，循环往复，直到不知不觉完成整个任务。把论文写作分解为一个个可以毫不费劲的、可以马上着手去做的小任务,就顺应了人们喜欢即时满足、憎恶延迟满足的心理倾向。

二是解决了无从下手的困难。论文写作是一个庞大的系统工程,要做的事情很多,千头万绪,往往不知道从哪里下手,因此,写作中容易出现"狗啃刺猬——没处下嘴"的局面。对论文写作任务进行分解之后,就可以明确当下可以马上毫不费力地致力于哪些具体任务,从而找到入手点。需要说明的是,细化任务是为了解决无从下手的困难,而无需一次性列举出论文写作过程中的所有具体任务。只要明确了当前阶段有什么可以马上采取的行动,就可以指引当前的行为。

三是消除了害怕困难的心理障碍。一个任务越大,其难度似乎也就越大。但是,如果一个大任务被分解为诸多小任务,那么,每一个小任务的难度也就明显降低。巴菲特说:"我们之所以在投资方面做得非常成功,是因为我们全神贯注地寻找我们可以轻松跨越的 1 英尺栏杆,而避开那些我们没有能力跨越的 7 英尺栏杆。"我们可以从另外一个角度来理解这句话。如果找到了一个梯子,每一级为 1 英尺,那么,借助这个梯子,每次只需要跨越 1 英尺,从而就把 7 英尺的栏杆替换为 7 个 1 英尺的栏杆。正如爬山无法一步到顶,而一步一个台阶,坚持不懈,迟早能够登顶。当论文写作任务被分解为一个个具体的、毫不费劲就可以完成的任务时,我们每次面对的都是一个个小任务,也就不会产生害怕心理。

四是有助于进入专注状态。如果面对论文写作这一抽象任务,则需要考虑到为此所应当做的所有大大小小的事情,注意力将在不同任务之间飘忽不定,难以聚焦,也就无法专注。如果对写作进行了具体化,明确了当下要做的事情,则可以将注意力聚焦于这个具体任务上,对其他事情置之不理,从而能够快速进入专注状态,而这又提高了写作的效率。

(四) 截止日期

设定截止日期(deadline)具有两个看似相互矛盾的后果。其一,如果截止期限遥遥无期,则我们不着急,容易误以为"还有时间",从而拖延。其二,随着截止日期的临近,我们受到倒逼,能够以令自己吃惊的效率完成任务。关于截止期限的威力,《黑镜》的编剧查理·布洛克说了这么一句话:"不要谈什么天分、运气,你需要的是一个截稿日,以及一个不交稿就能打爆你'狗头'的人,然后你就会被自己的才华吓倒。"笔者的发小在职读法学博士的经历为此提供了佐证。博一、博二的时候,他觉得还有足够的时间;博三的时候觉得自己在职学习,不必高标准、高要求地跟脱产学习的同学同时毕业;博四的时候恰好单位忙得底朝天,这就给自己的拖延找了一个冠冕堂皇的极好借口;博五的时候发现拖无可拖,因为学校规定博士学习的最长时限是六年,再不完成论文就要前功尽弃。有了截止日期的倒逼,他不得不发愤图强。有了deadline,他每天从晚上写到凌晨,早上7点前就到单位,在安静的环境中写作1小时,最终及时完成了论文。值得一提的是,论文进展最快的时候,也是单位工作任务最为繁重的时候,但他做到了工作、论文两不误,齐头并进,以至在完成论文时,他有了被自己的才华吓倒的感觉。

那么,在截止日期遥遥无期导致自己拖延的情况下,我们可以为论文写作的各个阶段设定截止日期,让自己行动起来。由于自设阶段性截止日期没有外界监督,强制性质很低,我们容易忽视。对此,可以采取两种做法,来迫使我们遵守。一是把某一不可推迟的事情作为截止时间点。由于到了这个时间点必须停下写作、做其他事情,那么,以此为截止时间,自己在心理上就有了必须在此之前完成任务的紧张感。例如,下午要接孩子时,由于放学时间是确定的,当天必须在出发接孩子之前停止写作,这就能够催促自己尽可能在此之前完成当天目标。二是在适当范围内公开自己在什么时间要完成什么任务的目标,为了维护自己不吹牛的人设,就会更有动力争取在截止期限之前完成目标。

(五) 共同命运

如果拖延的后果只是由自己一人承担,即"一人做事一人当",我们因不必担心拖累他人,比较容易"纵容"自己拖延。相反,如果自己和他人组成命运共同体,一荣俱荣、一损俱损,那么,为了不给他人带来不利后果,我们就会倾向采取各种措施避免拖延,以免影响他人。在接受期刊约稿、和他人合作写论文等情况下,我们和约稿方、合作作者之间,在论文的完成上"同呼吸、共命运",为了不影响他人,我们会积极努力,这就能够在一定程度上防止拖延。

笔者在这方面有一些切身体会。笔者在 2019 年参加一个学术会议,只制作了一个 PPT 进行发言。会议间隙,《中国法律评论》的主编袁方老师、副主编易明群老师问笔者能否基于发言的思路,写一篇论文,参加她们就此选题进行的组稿。笔者当时认为,无非就是把发言的内容予以细化,基本思想已经成型了,应该没有太大难度,于是就应允下来。然而,一旦开始写作,就发现还需要对很多问题进行细致、深入的探讨,难度非常大。写作过程非常艰辛,好几次写不下去,屡屡搁置。随着最终交稿日期的临近,笔者竭尽全力,但仍然没有取得突破。眼看逃无可逃,便厚着脸皮请求易明群老师允许笔者半途而废,但是她没有如我所愿爽快地放过笔者,还是鼓励先写出来再说。笔者知道,如果不能交稿会影响期刊组稿,于是再次投入了写作,最终完成了任务。如果不是因为会影响期刊和其他作者,笔者当时可能就无限期拖延下去了。除了接受约稿,在合作撰写论文时,我们往往也会为了不影响合作者而避免拖延。近年来,笔者和 Haig Patapan 教授合写了一些英文论文,在选题、构思、写作阶段都有相应的分工。分工之后,各自完成各自的任务,之后碰头进行交流。考虑到一方拖延会影响合作者,笔者不敢懈怠,在各个阶段都按时完成自己的部分。此外,笔者在多次参加教材编写时,也为了避免影响整本教材的出版进程,而有意识地避免拖延。相比之下,笔者的其他写作计划,就经常拖延。

那么,研究生如何运用这一原理,帮助自己克服拖延呢?虽然学位论文的撰写并非基于约稿进行,也不涉及与他人合作,似乎学位论文就只是自己的事情,不影响他人。然而,这一认识并不正确。一篇学位论文的背后,除了作者本人,还有众多利益相关者(stake-holder)。研究生是否按期提交学位论文并顺利毕业,首先为家人所牵挂。我们要主动考虑到自己的行为对他人的影响,以此提醒自己克服拖延。

(六) 与子偕行

通常而言,在自己独自努力克服困难往前推进一件事情的时候,我们比较容易拖延,在遇到障碍时尤其如此。我们通过写作学术论文来开展科学研究,探索真理,这个过程是基于独立的思考和判断进行的,这就决定了论文写作是高度个人化的智力活动,写作者孤军奋战,难免有时候倍感寂寞。在遇到困难和问题的时候,只能独自面对。

对此,我们可以跟与自己一样具有写作任务的同道结伴而行,每一个写作者都知道其他人和自己一起努力。虽然大家研究的主题各不相同,但从事学术写作是一个共同经历,相互之间加强交流,可以减轻或者消除孤独感。此外,虽然在具体问题上不一定总是有共同话题,但对论文写作方法等共性问题,相互之间可以进行有益交流。基于这一考虑,笔者在这方面探索了一个做法,即倡议(而非硬性要求)自己所指导的研究生参加每天写作五百字的微信打卡活动。参加者承诺每天写五百字以上的文字,或者对五百字的内容进行修改。在这一活动中,师生每天都可以看到其他参加者当天的写作成果,产生大家在一起努力的印象,从而消除孤独感。值得一提的是,从时间管理的角度,这一活动综合运用了破除完美主义、公开承诺、细化任务、默认日程等原理:对所写作或者修改的文字不提出任何质量要求,这就大大降低了完成当天任务的难度,使其成为一个没有任何难度的活动,从而不至于触发恐惧心理;参加这一活动,就意味着向其他参加者公开承诺每天完成写作五百字的任务,这催生了一定的群体压力;当天的任务是写作五百字而不是笼统的"写论文",这五百字可以是笔记,可以是初稿,可以是修改稿,五百字的写作要求非常具体、明确,使得写作者面对的是一个被细化之后的任务,从而避免了当面对一个笼统任务时无从下手的困境;要求参加者每天都进行写作,这就使写作成为每天日程中的一个固定部分。①迄今为止,这个活动取得了一定的成效。

---

① 参见《每天五百字写作群公约》

2024 年 1 月 25 日修改

写论文不怕慢,就怕站。为了培养和保持写作习惯,我们承诺每天至少写五百字,或者对五百字以上的篇幅做出至少一处修改。个人可以对自己提出更高的字数要求。

内容不限,可以为学术写作,其他主题亦可。对语言表达和格式没有质量要求。用电脑、纸笔写作均可。

在正常模式下撰写,之后截屏并将当日成果发在群里,或者直接发文字。也可以在"审阅—修改模式"之下撰写,写作时选取"最终状态",完成后选取"显示标记的最终状态",将当天的工作成果截图并发在群里。截图应尽量保证可读,字数较多时可以只发部分成果。手写的内容,拍照发群里。

最晚应于当地 24 时之前提交写作成果。

倡导按照马克·吐温的建议(Eat a live frog first thing in the morning and nothing worse will happen to you the rest of the day),把写作作为自己在当天可支配时间内完成的第一项任务,之后再做其他事项。

参加者可以选择是否参加打卡。

未经允许,不得泄露其他成员的写作内容。

本活动自由加入,自由退出。

附　录　谢门"求生"指南

目　录

壹、共同价值	171
贰、身心健康	174
叁、时间管理	176
肆、学习要求	182
伍、写作训练	185
陆、回顾展望	198
柒、师门关系	199

壹、共同价值

1.勇于承担责任,努力为家庭、社会、国家作出尽可能大的贡献,追求人生价值最大化。"穷则独善其身,达则兼济天下。"求学阶段,不为外界喧嚣所干扰,心无旁骛地致力于提升自己,追求进步,这是这一阶段我们为改善世界所能做的一切。随着能力变大,责任也变大,要努力让世界因为我们而有所不同(make a difference)。

警惕故步自封,避免思维僵化,定期审视自己的观念和行为方式,持续对人生哲学升级换代。保持开放心态,接触新事物,接受新知识,培养新能力,做到与时俱进。

2.基于自身潜质和兴趣,确立有挑战性的目标,并在努力实现目标的过程中取得进步,提升自我,终生精进。设定目标时要正确地认识自己,尤其不要轻易自我设限。在不违反物理定律的前提下,万事皆有可能。Think big,付出相同甚至更多努力,找到正确的方法并付诸实施,相信自己有可能复制甚至超越他人的成功。

3.目标难易,根据自己的风险偏好来确定。推荐设定实现概率为 70% 的目标。鉴于目标可能无法达成,制订 Plan B。

4.努力能够提高成功的概率,但不能确保成功。如果自己已经尽力,但基于不可控因素,未能达到理想结果(如果设定了实现概率为 70% 的目标,则必然 10 次中有 3 次会失败),则坦然接受,总结经验教训,之后开始追求下一个目标,周而复始,在人生的长坡上持续滚雪球。

5.努力时应当在两个方面下功夫:一方面是投入足够多,但又不过多的时间,张弛有度;另一方面是做到高度专注,在**效率**上要超过多数人。

6.努力让今天的自己优于昨天的自己。认可自己,接纳自己,善待自己。

7.目光长远地追求幸福。是否做、如何做一件事,要考虑十个小时、十个月、十年之后的利弊,要特别关注远期不利后果。

8.让每天的行为与自己的愿望保持一致。让自己的雄心壮志,体现在日常生活中。

9.认真过每一分钟,学的时候投入,玩的时候尽兴,保持学习与生活的平衡,远离苦行僧式生活。

10.合理安排,保持重脑力劳动与轻脑力劳动、脑力劳动与体力劳动、学习/工作与锻炼/休闲之间的平衡,不同活动相互调剂,进行一个活动在到达劳累程度之前,通过转而从事其他活动放松自己。

11.设置目标时应注重任务难度与自身能力的协调,以保持心流(Flow)状态,避免陷入"无聊至死"(Boreout)或"精疲力竭"(Burnout)的极端。

12.为避免任务过于简单、重复造成"无聊至死",应尝试适度调高任务难度。比如,为任务设置尽可能短的期限等。

13.与此相应,为避免"精疲力竭",应当适当降低任务难度以适应自身能力。具体方法包括但不限于:(1)学会取舍。如果任务过于困难,以致竭尽全力也未必能实现目标,那么放弃也不失为一种智慧。(2)张弛有度。通过使不同难度、类型的任务彼此搭配(如脑力活动与体力活动相互穿插)使自身得到调剂,以刺激大脑处于活跃状态。

当心流到来时,应努力使自身保持在心流状态中。尤其要避免因过于注重形式而错失心流。例如,手写时不宜过分追求字体工整,较快的书写速度更有利于为大脑带来挑战,从而帮助激发和把握灵感,促使心流延续下来。

14.确定计划之后,坚持完成一个个任务,持之以恒,努力实现目标。制订计划应当脚踏实地,切忌好高骛远。一旦发现计划不切合实际,应当及时修改,而不是完全放弃制订计划。

15.警惕完美主义。完成一件任务并持续完善优于迟到的完美。Don't let the perfect be the enemy of the good.

16.面对挑战带来的恐惧,要知难而上、顽强拼搏。杀不死我的,终将使我更强大。在压力面前保持优雅,在学业上遇到困难时,要把它视为自己的成长机会,要迎难而上,跳出舒适圈,让自己胜任原来做不到、做不好的事情,实现能力跃升。

贰、身心健康

17.为了爱我们的人和我们爱的人,持续学习科学的生理、心理保健知识,知行合一,保持健康。谢门成员的生命长度和质量,应当超过发达国家的平均水平。所有人应当为实现这一目标作出贡献。

18.要吃难吃的食物、喝难喝的饮料、做难受的事情,以便未来可以爱吃啥吃啥、爱喝啥喝啥、爱做啥做啥,细水长流地享受生活。

19.规律作息,早睡早起,追求良好睡眠,保证第二天精力充沛。固定学习时间,保护学习时间不被琐事侵占。

20.健康饮食,追求合理的膳食总量和结构,营养过剩者适当节食。

21.为了跑赢人生马拉松,无论有无运动禀赋,都要积极锻炼,追求强健体魄。建议利用好零碎时间活动、锻炼。通过选择步行、爬楼梯、快走、慢跑、骑车等出行方式,将锻炼融入日常生活,一举两得。

没钱没闲者,可以参考我的健身经验:下班回家前先跑 5 公里或先骑自行车再坐地铁,在家附近用消防站的免费单杠做引体向上,利用番茄工作法中的休息时间做俯卧撑、拉伸。

培养三种身体素质:(1)通过力量训练增肌,做到"胸大有脑",举重若轻。要像美国联邦最高法院前大法官金斯伯格女士一样,在83岁时还能连续做20个俯卧撑,男生应该能连续做5个引体向上(江泽民同志在大学时做过24个,本人记录27个);(2)通过跑步、骑车、游泳等有氧运动提高耐力,提升心肺功能,不要"没心没肺";(3)通过拉伸、瑜伽等运动,保持和提高身体的柔韧性。

22.健康的体态能提升形象,体现自律,有利于获得他人信任和尊敬,在出任国家领导人、就业、相亲等关键时刻能加分。通过锻炼和饮食,双管齐下,将体脂率(而非体重)控制在理想水平,让自己的体型像可乐瓶而非可乐罐,做到穿衣显瘦、脱衣有肉,追求瘦肉型身材。

23.主动寻求喜悦、感恩、宁静、兴趣(好奇)、自豪、希望、逗趣、激励、钦佩、爱等积极情绪,减少并化解消极情绪。尽量将积极情绪和消极情绪的比例控制在3∶1以上。

24.建立个性化的情绪转化体系,归纳让自己产生积极情绪的事情(因人而异。通常而言,从事兴趣爱好让人喜悦,手写日记、冥想、深呼吸、听音乐让自己宁静),把它们安排到日程中,内化为自己的习惯。

25.学习如何排解消极情绪,提前做好相关预案。

26.对自己的幸运(包括但不限于得到他人的帮助)要心怀感恩。平静接受自己无法改变之事,并庆幸事情没有更糟糕。对可改变之事,要努力争取最佳结果。无论处于何种境地,都要作出最优选择,always make the best of the situation。

27.学习情绪词汇,认识不同情绪,关注内心世界。培养觉察自己和他人情绪的能力,并根据自己和他人所处情绪状态说话、做事,尤其要顾及他人感受。

28.有意识地培养和训练抗打击能力,建构强大的内心世界。适当培养厚脸皮和"小强"精神,拒绝玻璃心,不必过分在意他人看法。

29.积极进行社会交往。交往中参考以下要点:

(1)做有德有能之人。德行和能力是与他人交往的基础。有德有能,才能得到他人的尊重和欣赏。切忌不修身养性、提升自身素质,而忙着去结交"大人物",浪费时间与精力。

(2)远离无德之人。无德之人再有能力,地位再显赫,都不适合交往。如果无法将其屏蔽,则要学会与其周旋,做好自身防护。

(3)多与有德有能者交往。在相互信任、相互欣赏的基础上,建立和培养友谊,相互理解、相互帮助、相互提携,共同进步。

(4)人生开启新阶段时,优雅告别故友,尤其要感谢他们曾经提供的帮助;优雅地接受他人告别或不告而别,非必要不打扰,尤其是自己曾经帮助的人。

(5)正确对待酒文化。如非酒精过敏体质,可以自律、文明地饮酒,促进交流。

叁、时间管理

30.阅读《奇特的一生》《高效能人士的七个习惯》《搞定 I——无压工作的艺术(最新版)》。

31.入门后设定硕士研究生、博士研究生阶段的长期目标,制订未来规划,并在一个月之内提交(提交方式参见"陆、回顾展望")。对未来的规划,包括但不限于如下问题:要不要读博;如果读博,是去国外还是在国内;如果就业,是考公务员还是去律所;等等。规划时,要注意如下几个方面:

(1)既要全力收集信息,又不必奢望集齐全部信息。信息收集得差不多了就做决定,接受不可避免的不确定性。

(2)早做决定,不要模棱两可、往后拖。

(3)有闯劲者可以本着 no risk, no fun 的精神,确定不寻常的、风险较大的目标;厌恶风险者可随大流,出彩和出错的概率都会小一些。

32.确定规划之后,把长期目标细化为中短期目标,再分解为具体的、可以马上执行的任务。

33.关于如何制订计划,可以参阅《高效能人士的七个习惯》,尤其是习惯三。不建议制订严格的"从几点到几点做什么"的日程表。确定待完成的任务,尽量把重要任务排在前面。

34.把目标细化到每一天做的具体任务,以及马上可以着手去做的事。每天完成一些,积少成多,水到渠成。把这些任务列上日程,确定完成这些任务的时间。把黄金时间投入重要任务。

35.制订一个合理的、从早到晚的默认单日日程,适用于没有其他安排的日子。规律作息,为包括学习、锻炼等在内的各种事务安排固定时间,将其嵌入默认日程,其中要搭配不同事项(重度脑力劳动与轻度脑力劳动,脑力劳动与体力劳动,学习与娱乐,休息与运动,等等)以追求生活中的平衡。日复一日,持之以恒,实现理想人生。

36.同理,制订一个默认的周日程安排,为不是每天做,但一周至少应当做一次的事情(如制订每周计划)确定时间。

37.安排日程要留有适当闲暇,应对不可预见的变化。日程可选择电子、手写等适合自己的形式。

38.对不同任务,按照重要性取舍、排列并分配时间。按照是否重要、是否紧急将任务分为四类,根据自己的价值观和长期目标来判断事情是否重要。再把重要的任务分为愉快的任务和有挑战性的任务。在从事有挑战性的任务之前,可以先进行愉快的重要任务来热身。比如,我早上第一件事是进行与当下写作无关的学术阅读,并做读书笔记,这为我未来的学术写作提供了素材,很有意义,同时给我带来乐趣,以至每天晚上睡觉时会期待第二天上午5点之前早起阅读。早读到早饭之间完成了热身,之后就能够愉快地进行写作这一有挑战性的工作。这一安排还有一个额外的好处,即避免了在上午7点之前看电脑导致眼睛快速疲劳。

39.参考《奇特的一生》,认真记录时间支出。关注时间支出的"性价比",根据时间支出情况进行调整。减少在非重要事项上的时间投入(如刷朋友圈、抖音、微博),保障在重要事项上的时间投入。

40.要为重要目标和任务安排充足的时间。养成每天为长远目标投入一定时间的习惯。时间管理最好细化到每一天,在什么时间段做什么事,心里有数,形成规律。每天尽量先完成重要的事情,如上午专心完成重要事务,下午、晚上处理对专注力要求较低的事务,如社交、锻炼。这样时间就不会悄悄溜走,每天都有积累。

41.参考《搞定 I——无压工作的艺术（最新版）》，以一周为单位制订计划。周末复盘，统计、回顾上周的执行情况。主要关注如下问题：时间投入到哪里了？其中，在学业上投入了多少时间，具体做了什么？时间投入和产出是否成比例？可否通过拒绝一些意义不大的事务、委托他人来节约时间？可否通过改变做事方式（如不带手机，退出微信，使用番茄钟，做一举两得的事情如慢跑出行、在出行时听外语新闻和阅读）提高效率？基于上周回顾，确定下周的具体任务，并列上下周日程。每周回顾和计划，欢迎但并不要求发至我的邮箱 libinxie@hotmail.de。

42.复盘的时候，重点在于归纳自己所取得的产出，归纳出有待提升之处。产出＝投入时间×效率，不要只归纳自己的投入时间，而不顾效率和最终产出。着眼未来，归纳自己在哪些方面要如何改进。

43.安排日程的时候，要注意时间颗粒度，要用较小的单位。切忌直接用半天、一天为单位安排事务。建议以半小时为单位，结合番茄工作法，掌控节奏。

44.对于需要长期投入的任务，如论文写作，在计划中尽量设定截止期限，每周记录投入的时间，纳入每周回顾。可以采取如下格式记录：N（本周是第几周）/M（计划用几周），X（本周投入时间）/Y（总计投入时间）。推荐把番茄数作为时间记录单位。

45.除专注追求目标外，应当在日程上安排进行锻炼、社交、从事兴趣爱好等活动的适当时间，劳逸结合，张弛有度，恢复精力，保持身心健康（参见《高效能人士的七个习惯》中的第七个习惯）。

46.正确对待假期。一年中,周末、法定节假日、寒暑假共计约200天。不要以为只有在学期中的工作日才应当认真学习。要把假期当成自己的学习时间,坚持早睡,可以稍晚起床,适当而不过量安排娱乐活动。

47.对任何事物的兴趣都是有限的,不要短期内在一件事情上集中投入过多时间与精力,过度耗费自己的兴趣,以致产生腻烦心理。这尤其适用于备考德福、论文写作等需要高度专注的任务。

48.防止时间碎片化,尽量在较长时间内保持专注。推荐在上课、自习时不带手机,或至少在较长时间内不看手机。合并处理微信信息,不要养成秒回微信的习惯,让他人了解和习惯自己无法即时回复。

49.确定一两件适于在碎片时间从事的默认任务。例如,可以把阅读好书作为默认选项,在手机(或 Kindle)上放一本书(如古诗词集),利用零碎时间阅读,避免习惯性毫无目的地刷手机。

50.任务安排都可采用"捆绑策略",即把自己应定期做而容易忽略的任务,与定期出现的事务捆绑起来,形成条件反射,从而避免忽略应做之事。包括但不限于洗澡之前做俯卧撑、乘坐地铁时阅读法学微信公众号、做家务时听(外语)新闻等。

51.推荐采用番茄工作法,每专注工作 25 分钟,休息 5 分钟。在 25 分钟工作时间内心无旁骛,用 5 分钟休息时间活动身体(如巡视卫生间、做俯卧撑、蹲起、整理物品)、放空大脑、休息眼睛。我个人的做法是,设定每半小时响一次的闹钟(例如 8:25,8:55,9:25,9:55……)。一进入工作状态,就打开这些闹钟,闹钟一响,就休息几分钟。

52.在番茄工作时间、休息时间内,尽量做到动静结合。25分钟之后,务必起来活动5分钟。如果有半天时间用于学习,则要在2小时左右之后,安排较长时间进行强度较大的运动,如走几层楼梯、下楼快走、做俯卧撑等,通过身体活动,休息大脑,让脑力得到恢复。尽可能动静穿插,而不是一坐就坐半天,到后来精神疲劳;通常也无须连续运动超过1个小时。对于俯卧撑、深蹲等活动,都可以利用几分钟来完成,从而起到放松大脑的作用。

53.设定的deadline要具体可视。可以选取不能由自己推迟的事件作为截止时间点。尝试将放松、娱乐活动的开启作为某项专注活动的截止时间,在有所期待的美好心情下一鼓作气、保持效率。

54.在出生之前我们已经睡了几十亿年,遥远的未来也有无限的时间长眠。因此,此生不要睡得过多。睡得多,学得少。

尽量早睡早起。把晚上因无所事事而被浪费的时间,换成第二天早起之后高效工作的黄金时间。

尊重自己的身体规律,觉多的日子允许自己多睡减少学习时间,觉少的日子少睡增加学习时间。

55.在保证全天摄入足够营养的情况下,适当用水果、麦片等简易食品代餐,将节约出来的时间用于学习、工作、锻炼。

56.对有意义的事情,要降低其门槛,反之亦然。例如,把好书、体育器材放在触手可及的地方,让自己不知不觉中多阅读、多运动;远离手机,或在不用微信时退出登录,防止有意无意在手机上浪费时间。

57.推荐用一个 B5 大小或者更小的记事本,随身携带,用于记录日程、待办事项、备忘事项、思路(推荐在纸上写写画画,如画思维导图,进行可视化思维)、随感、杂感、灵感。

58.写自己的感受(随感、杂感、灵感)的时候,要尽可能以比意识更快的速度书写,与自己的潜意识进行高效沟通。

肆、学习要求

59.如果未来有志于学术,就需要投入较多精力到学业上,尤其是大量阅读。如果打算就业,那么除进行必要的实习外,也要注意在专业学习上持续地投入时间,而不能一曝十寒。

60.硕士生争取公开发表一篇论文,博士生争取在 C 刊发表两篇以上的论文。

61.研究生阶段读 100 本书,1000 篇论文。大致平均每天读 1 篇论文,10 天读 1 本书。对所有专业文献,**默认泛读**。泛读后确认为重要文献的,进行**精读**。阅读之后脱离文献,用自己的语言复述主要内容,写下自己的思考。定期翻阅读书笔记,将不同笔记联系起来。寒暑假结束之前,在提交回顾与展望的同时,向我提交读书笔记。

62.知识体系是个人对宇宙的看法,包括来自他人的知识和自己的原创知识。通过阅读、谈话、听课等方式获得"新知"后,做文献笔记,予以固化,纳入自己的知识体系。将新知与旧知相互联系,相互连接知识系统中的不同知识点,并在此基础上得出原创新知,将其写下来,纳入自己的知识体系。

63.获得新知识时,将其与已有知识进行联系,既复习已有知识,又更好地记下新知识,从而避免一边学习新知,一边忘记旧知。这还能促使自己得到原创新知,温故而知新,永久地扩大了自己的知识体系。遗忘自己花了很多时间获得的知识是极大的浪费。

64.通过这种方式,更新作为个人知识体系一部分的专业知识体系,为创作打下基础。切忌创作时无视已有知识体系,从零开始,并在创作完成之后,将其抛在一边,又重起炉灶投身下一个创作任务。

65.共同数据库中的书目来自专业内外的各个领域,供师生共享。欢迎参与完善共同数据库,遇到值得推荐的电子文献,可以直接添加,或者联系一年级博士生添加到数据库中。

66.子曰:"学而不思则罔,思而不学则殆。"培根说:"我们不应该像蚂蚁,单只收集;也不可像蜘蛛,只从自己肚里抽出丝;而应像蜜蜂,既采集、又整理,这样才能酿出香甜的蜂蜜来。"阅读之后要进行思考(思)。阅读之后进行思考的一个重要方法,就是将新知与旧知联系起来。不要**学而不思**,只阅读不思考,就像蚂蚁搬运食物一样,只是将知识搬运到大脑,大脑成为知识的载体,却不对知识进行加工,不产生新知识。在这个过程中,往往还产生自己很努力的错觉,自我感动。但是,一旦要写论文,就发现没有思路,无从下手。也不要**思而不学**,即平时不读书,而低质量地胡思乱想,为得出他人早已提出的见解而沾沾自喜,一旦到要写论文的时候,就闭门造车,像蜘蛛一样,只是把自己的低水平想法写下来,而不参考、尊重学界已有研究。手上应当永远有一篇正在写的论文,尽量每天在上面投入一定时间(所从事的工作包括但不限于通过阅读寻找选题、找到选题之后找文献、阅读文献并做笔记、写下自己的相关思考、确定大纲、写各部分的初稿、修改)。

67.论文写作没有思路时,可将视野转向专业阅读,体味好论文的精妙构思与遣词造句,观察并分析学界在某一领域的研究焦点。

68.学术研究应当遵循兴趣导向。要在广泛阅读本专业学术文献(而不是时政新闻)的基础上,确定自己感兴趣的主题,并在有针对性地阅读已有研究成果的基础上,细化自己的选题。切忌自己不进行充分阅读和思考,请求导师指定一个研究课题。我当前的研究领域主要是宪法财产权和国家学。各位应当遵循自己的兴趣,可以但不必限于在这些领域确定自己的研究主题。

69.有学期论文写作任务的,每个学期一开始,就主动联系我商议选题和思路。读书报告参照办理,阅读书目不限于共同数据库的范围。在我指导之下写作的论文初稿,以及相关参考文献,建议放在共同数据库里各自名下的文件夹中。

70.论文写作往往有高风险、低风险两种思路。高风险的思路一旦成功,有可能实现学术突破,但失败的概率也较高;四平八稳的思路,不容易出彩,但一般不至于写不下去。学位论文的写作要采取低风险思路,力求稳妥,保证能够按时提交符合毕业标准的论文。同一主题的高风险思路,可用于另写一篇论文。

71.向我提交定稿论文时,确认自己已经在论文结构(参见《金字塔原理》第20—24页)、语言表达方面尽了自己的全力,特别是在语言方面达到了自己的最高水平。

72.论文写作安排一定要有提前量,不至于到截止期限时手忙脚乱,以至未能写出代表自己最高水平的论文。

伍、写作训练

无论未来是否走学术道路,写作能力都很重要。平时要多动笔。常见写作错误和解决办法归纳如下,供大家参考。

一、选题

73.找不到选题,不知道应该研究什么。

解药:广泛阅读专业文献,了解学界当前关注的问题,筛选出自己感兴趣的主题。

无论是什么论文,都应当在广泛阅读的基础上,确定自己感兴趣的选题。选题的过程本身也是一个有意义的锻炼。如果写命题作文,就缺少了追逐自己兴趣的过程,写作过程中也容易发生"排异反应"。

自己选题之后,我会就选题和思路是否可行提供参考意见,并提出相应建议。

74.过于关注现实,尤其是现实中的不理想之处,在正义感、责任感的召唤之下,奢望自己的研究能够推动实践中的进步,导致找不到适当的选题,或者动辄否定一个选题的学术意义。

解药:认识世界、改变世界都是有意义的。学者深化对世界的认识,行动者在此指导之下改变世界。学术论文写作,应当致力于认识世界,即探索真理(truth),围绕"是什么"的问题,不去问"怎么办"。围绕"是什么",既可以致力于澄清纯理论问题,也可以去深入了解实践中的相关状况。

就硕士生、博士生而言,把论文写出来,完成学业,就是当下对国家、社会的最大贡献。现阶段无须考虑,也基本没有能力推动社会进步。先让自己成才,未来才有更大的能力造福社会,实现人生价值。

75.题目大小失当。题目太大,写作流于肤浅;题目太小,找不到参考资料,学界不感兴趣。

解药:以中观选题为宜;如何拟定题目,有大学问。向历史学学者学习。

76.写作主题不集中,四处出击,"东一榔头、西一棒子",对各个问题的研究都不深入。

解药:选好研究方向,集中火力,就同一类选题写多篇论文,使自己成为某一领域的专家。

二、阅读文献与确定框架

77.阅读文献不做笔记,以致后来重复阅读,或者找不到相关出处。

解药:经过筛选保留下来的文献,在第一遍阅读时就应该在纸上或者电脑上把相关内容记录下来。对比较重要的、会反复参考的文献,应该打印出来。保证自己在需要的时候能够迅速找到相关出处。

78.阅读文献速度慢,对文献一概精读,生怕遗漏文献中的任何内容。

解药:泛读所有文献,筛选重要文献,精读重要文献中的重要部分。

79.看文献时间过长,打算想清楚了再写。阅读一篇文献,接着阅读其中引用的文献,接着又去阅读被引用文献所引用的文献,如此循环往复,"俄罗斯套娃一个套一个","子子孙孙无穷尽也",导致文献永远读不完,迟迟不动笔。

解药:阅读文献时就开始动笔做笔记。在读完一篇文献的时候,掩卷思考,把相关的、或成熟或不成熟的想法写到初稿中。不要寄希望于读了足够的文献才开始写作。每读一篇,就写一部分(参考《卡片笔记写作法》)。通过写作进行可视化思考,通过写作逐步思考清楚。对于文献要有取舍,培养自己的判断力,对于可读可不读的文献,可以不读,或者先进行写作,写作完相关部分之后再阅读其他相关文献。总之,不要让阅读文献妨碍自己开始写作。

80.直接在电脑上构思,进展缓慢。

解药:写论文是一种创造性工作,构思阶段具有核心意义。构思时应当先运用发散思维,再运用聚合思维。在发散思维阶段,应当进行头脑风暴,保持视野广阔,向各个方向进行思考,收集各种想法(ideas),而无论这些想法之间是否存在,或者存在何种逻辑关系。在聚合思维阶段,要寻找、发现不同想法之间的逻辑关系,把有内在逻辑关系的想法有条理地组织起来,摒弃其他想法。简而言之,在构思阶段,就是先去收集想法,然后有条理地组织想法。

构思是一个结果不确定的思考过程,需要使用适当的工具。在电脑上打字适合于输出成熟想法,但在构思阶段,思维高度不确定,各个想法之间有无逻辑关系有待确定,在这个阶段,适合在活页白纸上写写画画,更有利于收集想法,并发现各种想法之间的关系。建议用活页白纸记录在不同时间点就某一主题的不同部分进行发散性思考的要点,记录时无须考虑逻辑顺序,当要点记录到一定量(如写满几页)需要运用聚合思维时,可以在不同纸张之间排列组合(可选择在桌上、床上、沙发上、地板上),观察分析不同要点之间的逻辑关联,增删修补某些环节,直至能够自圆其说。

81.论文构思没有体系,各个部分之间缺乏必要的逻辑联系,没有用一根红线把各个部分有机地串起来。

解药:一篇文章回答一个问题,按照这个问题本身的逻辑,分为几个部分。在每一部分,按照具体问题展开,设定下一级标题。在每一个标题之下,按照逻辑安排几个段落。在每一个段落之内,按照一定思路安排遣词造句。

为了了解如何安排文章结构,参阅《金字塔原理》,尤其是第20—24页。

在阅读论文、专著时,不仅要关注其内容,还要关注其框架,提高自己谋篇布局的能力。

全文的大小标题要符合以下规则:

(1)上一级标题是对所有下一级标题的概括。上下级标题不得基本重复。

(2)同一级标题必须属于同一逻辑范畴,按照逻辑顺序组织。同级标题不得存在交叉、相互包含关系。

逻辑顺序包括四种:

(1)演绎逻辑:大前提,小前提,结论。

(2)时间(步骤)顺序:第一,第二,第三。

(3)结构(空间)顺序:如中国,美国,德国……

（4）程度（重要性）顺序：最重要，次重要，等等。

不同部分之间如何过渡？可以从前一部分中挑选一个词、一句短语或总结其中心思想，将其用于下一部分的起始句，承上启下，实现自然过渡。

三、初稿写作

82.犯写作逃避症，找各种借口、做各种琐事，回避论文写作。

解药：

（1）论文写作看似一项无从下手的宏大任务，容易催生巨大的心理压力。要将其化整为零，分解为一件件容易着手的、毫无心理压力的小事。具体而言，论文写作的宏观任务，可以也应当被分解为选题、找文献、阅读文献、写初稿、修改、核实、修改脚注、语言润色、定稿等各个阶段，各个阶段的工作又可以进一步被细化。每次只关注当前的具体任务，不要用宏观的论文写作来吓自己。任务越具体，越不吓人。

（2）在日程上规定写作时间。到了时间，只要还有一口气，硬着头皮也要上，直面写作任务。

83.把本领域专家当成论文读者，要求所写内容符合专家眼光，而鉴于专家什么都知道，自己没啥好说的，无从下手，认为自己所写的内容没有意义。

解药：把本科生作为论文读者。像对没有接触相关主题的本科生讲课一样，娓娓道来。

84.盲目追求出口成章、一气呵成，反复推敲斟酌每一句话，以至进展缓慢，进而产生逃避心理。

解药：论文不是写出来的，是改出来的，要极度降低对初稿的要求。

85.混淆学术论文写作与文学创作,误以为全文都应该是自己的创新想法。受这一认识误导,在没有原创想法的情况下停滞不前。

解药:论文中可以有描述性的篇幅,甚至在有关情况不为人所知的情况下,可以有较多的描述性篇幅,详细介绍有关情况。只要不是全文通篇描述、介绍,而是加上了自己的一些分析、评价、思考,就符合学术论文写作的要求。

通过意识流写作,尽快完成初稿。一开始乱写一气,把脑子里的所有相关想法都写出来。意识流写作包括如下几个方面:

(1)确定一个开头句;

(2)不注意规范,可以写病句、错别字;

(3)继续写,不回顾刚才写了什么;

(4)不阅读和更正已经写过的内容;

(5)继续写,直到无话可说。

86.写作中一遇到拿不准的细节,就停下来核实,导致影响进度。

解药:按照意识流写作的思路,初稿中的用语、内容都不求准确,先写下来再说。如果定稿保留相关内容,修改时再去加工。

87.遇到难点,就卡壳,停滞不前。

解药:跳过卡壳的部分,进行下一部分的写作。像在中小学考试时一样,一道题不会做时不要纠缠,继续做下一道题。

88.闭门造车,为自己的思路所束缚。

解药:及时寻求帮助。在论文形成初稿或者有阶段性的成果时,及时交给老师或朋友。请对方帮忙大致分析整体框架和内容基调是否合理妥当,在听取他人意见时打开行文思路,突破写作瓶颈。

四、修改

89.修改初稿时,完美主义思维作怪,干脆回避修改,宁愿另起炉灶写新论文。

解药:论文修改不可能"毕其功于一役",不要盲目追求一步到位,做好多次修改才能定稿的心理准备。每一遍修改有所进步即可,无需也不可能一蹴而就地解决所有问题。

90.把修改任务分解为当下即可进行的小任务,降低心理门槛。甚至,即便我们只是阅读初稿,而没有作出任何修改,实际上就已经在思考如何修改,因此,阅读初稿就算在修改。确实不想修改的时候,可以只限于阅读初稿。

91.完成初稿之后,不知道如何下手修改。

解药:只要用心,我们的眼睛既能发现美,也能发现丑。如果一开始不知道应该如何修改,可以反复阅读初稿。"读稿百遍,其错自现"。反复阅读、揣摩、推敲,总是能找到可以修改的地方。

如果陷入"当局者迷"的境地,可以请学友提批评意见。

92.修改时避重就轻,回避框架问题,直接投入大量时间核实脚注、润色文字。后来不得不调整框架,删除之前耗费大量时间打磨细节的篇幅,浪费时间与精力。

解药:论文修改中,要克制直接打磨细节,尤其是修饰语言的冲动,坚持先定框架,后打磨细节。初稿写出来以后,要先调整、确定框架,考虑结构方面是否需增删修补。确定框架之后,核实每一个细节(leave no stone unturned),添加和检查脚注,修改润色语言。

五、语言表达

93.为了避免口语化,写令人费解的长句,"不说人话"。

解药:写初稿时,除非有把握,否则不要写长句。初稿中用简单的、口语化的句子,修改时酌情调整为长句。定稿之前,要分析长句的结构,确保符合中文语法。

94.表述累赘。

解药:删除之后不影响意思表达的句子、字眼,就像肚子上的肥肉,均为多余,应予删除。定稿之前,要确保没有多余的句子、字眼、标点符号。

对在特定语境之中省略后不会引起误解的句子成分,可以适当省略。例如,如果一段话中都是同一个主语,则在第一句中出现之后,后面都可以用代词或者直接省略。

95.用词过于单一。

解药:其一,要尽量将自己要表达的意思细化,使用最恰当、最准确的词语。其二,如果确实需要多次表达相同意思,则在初稿中可以用相同的词语,修改时替换为同义词、近义词,避免一个词用到底。

96.认为自己的语言没有文采,不精确,直接借用他人的语句。

解药:如果他人首先提出一个具有原创性的观点,即便自己在没有看到这个观点的情况下独立得出了这个观点,并且用自己的语言进行表述,也必须引用首先提出这个观点的学者的观点,否则构成剽窃。

特别需要注意的是,如果在论文中用自己的语言表达众所周知的事实和观点,不需要引用。但是,如果直接使用他人的表达,则必须直接引用,否则构成抄袭。换言之,不能照抄他人的语句,而是必须加引号引用。总体而言,除了引号里面的话可以和别人的话一样,其他所有语句必须是自己写的。从别人的论文里面摘抄任何一句话而不加引号,无论有关语句是否表述了一个具有原创性的观点,都构成抄袭。

为了避免抄袭他人的语句,应该从读书笔记开始。完整地看完一篇文献或者其中完整的一部分之后,应该脱离文献,根据记忆来归纳大意并写下自己的思考。脱离文献之后,除非能对措辞过目不忘,否则通常只能用自己的语言来表述,这就能够避免摘抄作者的表述。实际上,如果能够用自己的语言来表述一个观点,就说明我们真正掌握了这个观点。这就有点像《射雕英雄传》中郭靖学武时的一个情节。他学了几十招,结果忘了具体的招式,但精髓已经了然在胸,完全掌握了。

六、写作工具

97.从一开始就用电脑写作,面对雪白的屏幕,目光呆滞、形容枯槁、面目黧黑、"生无可恋"。

解药:在整个写作过程中,都要同时用电脑和纸笔进行工作,在两者之间切换。原则上,一旦不知道在电脑上写什么,就切换到用纸笔。

在构思阶段,主要用纸笔找思路。

初稿写作过程中,在写具体某一部分时,用纸笔收集有价值的想法。到一定量的时候(如一两页A4纸),不用管想法之间的逻辑,一股脑将其输入电脑。切忌在纸上记载过多想法而不输入电脑。在电脑上阅读各个想法,方便地进行排列组合(这是在纸上无法进行的),寻找之间的逻辑联系。

写作中,一旦思路中断,不知道如何继续写,就恢复用纸笔找思路。

七、文档保存

98.不注意保存和备份文件,丢失全部或者部分劳动成果。

解药:重视保存文件。结束当天的文字工作之后,慎重保存并确认。

每天结束工作时,保持从容,要有仪式感,不要匆匆忙忙关电脑。可以把论文另存为一个新文件,在文件名中写上当天日期,这样最多丢失一天的劳动成果。也可以在可靠的平台进行云同步。

八、掌控进度

99.不了解自己的写作进度,既不知道自己已经投入多少时间、完成了多少工作,也不知道后面还需要多少时间、有多少工作有待完成,完工日期显得遥遥无期,看不到希望。

解药:简单记录每天投入的时间和所处理的工作。让自己在任何阶段都对已经完成的、尚未完成的工作一览无余。

为此,要记录自己的写作进展,明确每天写、修改哪个部分,这样做有两个好处:

(1)能够让自己了解当前的论文写作进度,判断还需要多久。如果进度过慢,就要想想办法。

(2)了解自己的真实写作速度。这样能比较准确地估计自己写一篇论文要多久,使得在安排写作任务的时候,不至于安排过短或者过长的时间。这就使计划切实可行。我这次就再次清醒地认识了自己写作速度之慢。

记录写作进展可以和备份结合起来。每天修改完毕,就存为一个新版本,在文件名后面加上当天写作或者修改的部分,再加上日期。这样在文件夹中一目了然,能看到在哪几天写作、修改的是哪个部分。这样还能防止丢失成果。如果一直在一个版本上写,万一弄丢了就麻烦了。采取我这个做法,最多丢一天的劳动成果。

100.总觉得当前思路不够完善,想多看几天书再确定,结果发现几天之后思维依旧停在原点。

解药:论文写作是一项有创造性的脑力劳动,再阅读几天书不意味着一定会有新的收获,反而可能因为优柔寡断而导致低效。故当没有更好的思路时,要按照已有思路推进,在写作中进行深入思考。

九、局外人评价

101.定稿以后,觉得自己的论文很完美,自我评价过高。

解药:自我评价过高,通常有两个原因。一是"当局者迷",受限于自己的视角,自命不凡。二是不愿意正视自己的不足,自欺欺人,选择性地忽视论文的不足。诺贝尔奖得主理查德·费曼说过:"首要的原则是你必须别欺骗自己,因为自己是最好骗的人。"因此,定稿之后,要请学友指出问题,并进行修改。

十、读书会暨论文工作坊

102.谢门师生定期开展读书会暨论文工作坊,办法如下:

读书会暨论文工作坊办法

一、在每周二 18 点，原则上用 1 小时左右的时间，以线上线下（科研楼 A609）相结合的方式，举办读书会暨论文工作坊，遇到每月"峰会"等特殊情况除外。

二、在读书会中大家交流最近的阅读体会。

三、工作坊类似开题或答辩，围绕论文选题或者初稿进行。所有人在任何时候都应当有一篇以上准备要写，或者正在写的论文，理应随时可以进行主题发言。

四、原则上应当全程参加，有其他事可以提前请假，可以迟到早退。线上线下参加均可，线上参加者原则上应当打开摄像头以增强在场感，因故不便打开摄像头时除外。在不影响认真聆听他人发言的前提下，可以采取坐、卧、躺、站、倒立、扎马步、打坐、悬挂等各种舒适体姿，可以从事走路、跑步、玩单双杠等运动，可以根据第 18 条进食。

五、设一名召集人（同时负责记录）兼第一报告人，由在校博士生、硕士生轮流担任。召集人顺序如下（排名按照年级顺序；相同年级按照姓氏拼音顺序；根据入门、毕业情况动态调整）：崇文瑞、宋贝贝、李天骄、陈旭东（博士生）；柯子欣、宋雨琪（20 级）；李亢卓琳、杨帆（21 级）；陈睿、陆淼馨、王英杰（22 级）；武一、许越、余媛媛、张玉馨（23 级）。

六、召集人须开展以下工作：

（1）征集其他报告人。如果没有其他报告人，则召集人为唯一报告人。

（2）主持工作坊讨论。主持风格不限，创造良好氛围，进行高效交流。

(3)总结核心内容和有意义的结论(包括但不限于自己对评议意见的采纳情况),保存在共同数据库(路径:共享\共享文件夹\有趣的终身成长者\11、回顾与展望\峰会纪要),同时发给导师。

七、在读书会中,参加者通过口头或者书面的方式交流最近的阅读情况。

论文工作坊中的报告包括如下两类:

(一)选题类:报告人围绕论文选题而进行的报告。报告人应准备至少两个感兴趣的主题或选题,并附上暂拟的标题、关键字以及对预期研究内容的简要说明。

(二)论文类:报告人在已就选题与导师沟通并取得一致的前提下,针对结构基本完整的半成品论文的全文或者部分内容进行报告。报告的目的是就促进论文框架、内容等方面的完善征求意见和建议。报告人应当提交标题、关键词、大纲及对论文内容的简要说明。如已完成初稿,一并提交。

报告人应当至少提前 24 小时将书面材料发给导师,进行一对一沟通,之后视情况进行必要修改,最晚提前 10 小时将书面材料发到群里。

八、报告之后开始评议,大家通过口头、书面方式参与评议。出于对评议者的尊重,报告人应当在后续记录中认真对待评议意见。

七、讨论结束后可以进行漫谈,分享学术研究的经验或教训。

九、倡议备好纸笔或者电子设备用于按需记录,推荐用纸笔。践行用眼健康,不建议在手机上阅读、记录。

陆、回顾展望

103.只有了解学生,导师才能因材施教,请各位对自己的学习及相关情况进行记录,定期回顾、展望,主动报告,为导师履行职责提供便利。

104.每个学期结束后撰写学期回顾和展望,结合本指南,系统反思自己上一个学期包括阅读、写作等方面的目标的设定和达成情况。在此基础上,确定下学期目标,制订计划。最晚在新学期开学一个月内,将回顾与展望的 PDF 格式文件上传到共同数据库的"总结与展望(按年级分类,请每人自建一个文件夹)""总结与展望(按提交时间分类)"这两个文件夹中,同时通过邮件和微信发给我,建议同时在群聊中分享。如果有部分内容不适合与同门分享,可以将完整版本通过邮箱和微信发给我,在数据库中提交删减版。

105.进行回顾时,要对自己的成绩和进步予以总结和肯定,对自己的不足和错误进行反思,特别要避免对自己作出过于苛刻的评价并进行自我否定。

106.对下学期进行展望时,以自己上学期的状态为基准,设定略有挑战性的目标。为了实现目标,思考自己可以作出哪些切合实际的调整,可以采取哪些具有可行性的措施,并在新学期予以落实。

107.新学期计划不应太抽象,应当包括相对具体的目标、为之采取的措施、时间安排等相关内容。建议盘点自己的可支配时间,给每一项目标设定截止日期,并分配时间(具体的时间,如默认在每天、每周日程中的什么时间做什么事情)。切忌确定目标之后却不明确具体的行动计划。

柒、师门关系

108.无论是由于冥冥之中的缘分,还是纯属偶然,我们成为师生、同门,人生自此发生或松或紧的联系,一荣共荣、一损俱损。倡导建立和深化健康、积极、团结、互助、奋进的师生和同门情谊,各自努力,相互学习、鼓励、促进、提携,共同进步。

109.鉴于大家对我的表扬难免挂一漏万,同时他人容易受到裹挟违心地加入"花式吹捧大赛",三人以上的场合谢绝表扬。

110.师门定期举行"峰会",细则如下:

一、学期中大致每月举行一次"峰会",共进简餐,进行集体见面交流。"峰会"之意不在聚餐,而在于进行人生经验、感悟心得的交流和分享,相互学习、相互借鉴、相互促进,共同进步。要珍惜面对面交流的机会,积极参与。

二、"峰会"中主要参考《研究生论文写作与时间管理》,就设定目标和执行计划的经验教训、人生智慧和感悟等时间管理方面的一个具体主题,进行分享和交流。

三、出席"峰会"之前围绕时间管理的相关主题进行反思,总结自己做得好的地方,剖析自己的不足。这可能带来一定的压力,甚至会催生抗拒心理。但长期来看,应当接受并拥抱这种压力,坚持参加交流,以通过相互学习和借鉴的方式,促进成长。

四、当师生有事无法准时参加"峰会"时,可略过聚餐,直接参加餐后交流;需早退者相同处理。

五、"峰会"设一名主持人和一名记录人,大家随机轮流担任。我发红包,能出席者请领取以便统计人数。金额最高、次高者,分别为主持人和记录人。以前担任过的,则跳过,依次递补。主持人应当提前选择主题(可以从《终身精进者的时间管理:绪论》这个PPT文件中选取一点),做一些准备,组织讨论和交流。"峰会"后,记录人应当带上纸笔进行记录,对"峰会"交流内容进行梳理,择其精要,归纳出有价值的内容,上传至共同数据库。记录的目的在于固定分享中可能有借鉴意义的内容,供后来人参考。

六、共进简餐等交流活动是导师进行指导、同门交流的重要环节,在校生有出席的权利和义务,不能出席时应请假。在校同学不承担餐费,已就业同学参加时承担,并且只能承担本人名下费用。欢迎新生、欢送毕业生时按此办理。

七、"峰会"之外,欢迎大家主动联系我进行小范围交流。

111.赠人玫瑰,手有余香。倡导在线上线下分享各种感悟,以及工作、学习、锻炼等方面的经验和体会,相互启发。

112.师生应当保持适当联系,学生尽量主动与导师联系,尽可能每月至少交流一次,形式包括但不限于导师提供(在食堂)陪吃、陪聊、陪锻炼(如打羽毛球、跑步)等"服务"。

为了提高沟通效率,师生之间可以随时通过电话、微信联系,同时倡导在需要专注工作时开启免打扰模式,事后再回应。

113.有经济困难可私聊告知,我尽力提供帮助(如优先提供有偿劳务机会)。家境较好者宜专注于提升能力,为未来发展打下良好基础,不建议花时间挣钱。

114.在校生应当将有限资源用在自己身上,本人过年过节不收礼,收礼只收精神礼,如优秀论文和人生感悟。

115.送礼只转移价值,不创造新价值,本质上是双方利益对立的"零和游戏"。我们提倡大家一起持续成长,在此基础上强强联合,进行利益一致的"正和游戏",合作共赢,共同创造和分享价值,奉献社会。

116.加入谢门之前原则上应当同意本指南。欢迎提出修改与完善意见。倡导大家形成自己的学习和生活指南,并持续优化。

后 记

2007年我从德国汉堡大学博士毕业后加盟中国政法大学法学院,担任硕士生导师,后来还担任博士生导师。研究生从入学到毕业的全过程有一系列问题要跟导师交流。入学伊始,需要确定研究方向,进行初步的未来职业规划;每学期要完成学期论文、读书报告;二年级要开题;三年级要答辩、就业。我通常在与学生一对一交流的基础上提供意见与建议,而鉴于学生们的问题具有共性,我也找机会和自己指导的所有学生一起聚会,慢慢形成学期中每个月请学生聚餐一次的做法,并将聚餐称为"峰会"。师生交流中,论文写作是其中一个重要话题。我们在就论文写作本身进行讨论的同时,也慢慢意识到,所谓"功夫在诗外",论文写作成败也受到学术之外的因素的影响。如果没有时间、状态不好、日程安排不合理、拖延症发作,则论文写作之路会走得非常艰辛。我们认识到,不管是写论文,还是追求其他目标,都必须建立适合自己的、科学的时间管理体系。基于这一认识,"峰会"的主题不限于讨论论文写作本身,也包括时间管理领域的话题。于是我开始关注时间管理,带着很大的兴趣阅读相关中外文著作,并将其运用于自己的生活起居和日常工作。在"峰会"上我抛砖引玉,介绍在论文写作、时间管理方面的心得体会和经验教训,与学生们展开讨论,大家畅所欲言,相互启发、相互借鉴。我把一些比较成熟的、大家有共识的可取做法写成文字，略带戏谑意味地将其命名为《谢门"求生"指南》，供学生们在平时学习和生活中参考。其中，有关学业尤其是论文写作的部分构成核心内容，时间管理方面的建议作为完成学业的保障，也被纳入。根据新情况、新问题的出现，以及随着自己认知水平的提高，我不定期进行修改、更新。这些年来，我通过口头和书面方式对学生进行的"唐僧式说教"，大致没有太误人子弟，学生们比较认可，有的还积极向亲友灌输，据说产生了一些可喜的变化。

有一次，我把关于论文写作的常见误区和对策的文字放到朋友圈，广德兄抬爱，在其运营的公众号发布。北京大学出版社学科副总编辑蒋浩先生看到后，委托许身健老师问我有无兴趣写一本书。我感到非常意外，甚至受宠若惊。许老师说蒋老师是出类拔萃的出版家，眼光独到，他的判断可以信赖，于是我应允下来。按照《谢门"求生"指南》的思路，研究生写论文不仅要熟悉专业知识，还要赢得时间、调整状态、安排日程、克服拖延。与此相应，我拟定了包含论文写作、时间管理上下两卷的全书框架，得到了蒋老师的首肯。

然而，对于自己是否有资格写这本书，我一直心存怀疑。我不是什么知名学者，也不高产，学界高人济济，轮不到我给广大研究生讲应当如何写论文。后来转念一想，虽然比我优秀的导师多得是，但我不能让自己的学生另请高明。我不仅有资格指导他们，也责无旁贷。《谢门"求生"指南》一共一百多条，像一部法律，毕竟不系统、不深入。我干脆把自己的学生当成读者，系统地写下对他们的意见与建议，权当《谢门"求生"指南》的升级版，让学生自己阅读,也免得自己以后反复唠叨。如还有人赏识,我倍感荣幸,对于无缘者,这本书也不会主动"寻衅滋事"。如此一想,心里也就坦然了。不过,因为要完成各种任务,尤其是在科研KPI 的压力之下,错过了蒋老师设定的交稿期限。蒋老师宽容大度,说此书没有很强的时效性,不用着急。于是我继续收集素材,为初稿写作打下基础。不过,因为琐事缠身,总体进展相对缓慢。

真正重视此事,还是在发小华春予以肯定和鼓励之后。在本书的雏形还只是一些杂乱想法的堆砌,初稿"八字还没有一撇"时,他看后发来信息:"时间管理的内容具有很强的可读性和指导性,尤其是对拖延者心理的分析,鞭辟入里,代入感强烈,也提出了具有操作性的对策。日程安排、细化任务、马上行动等方法简便易行,能立竿见影地看到成效。第二部分不仅适用于研究生,也适用于本科生和已经参加工作的人,其实适用于所有追求远大目标却因为没有即时行动力而迷茫、彷徨、焦虑的人,第二部分对我的启发就很大。书出版后一定会对许多人有帮助,造福社会。书出来后,我要送给我和小艳两家下一辈几个年轻人,让他们好好读一读。"他一直是我眼中的神话。中学六年,他只有发挥不好的时候才考班级第二。说起来,是他教会了我时间管理中最重要的一课:保持专注。大家都以为他考第一是因为聪明过人。高二时,他跟我说,老师讲课是给所有人讲的,不是只给他一个人讲,他也只是认真听课做作业,谁这样做,成绩都会好的。我知道他不擅长撒谎,平时我也没有观察到他有啥天赋异禀的征兆,在女生面前跟我一样怂。于是我相信了他的话,从此心无旁骛地学习,每次大考都有进步,高考取得了中学阶段本人最佳成绩。华春长期从事政务工作,是从实战中磨炼出来的时间管理高手,聊天时不经意间就会给我一些启发。有次他说其领导每次工作会见的时间一般控制在 15 分钟之内,让我意识到对每一类事项确定适当时长的重要性。他在体制内工作已达二十余年,见过大场面,如此评价书稿,让我意识到此书具有原先没有认识到的意义,激发了我的使命感。之后我全情投入,在较短时间内完成了初稿。值得一提的是,我让侄女谢睿对初稿提意见,她的反馈令我很意外。她是北京语言大学德语专业大二学生,我以为她不用写论文。她文笔好,我原先只期待她提一些语言表达方面的建议。没想到,她说看到书稿"如获至宝"。她和在不同高校就读的高中同学交流,大家普遍有一个困惑,大学老师留的作业经常是论文,但又不教如何写论文,学生只好自己在网上查。此外,她认为时间管理的内容,尤其是克服拖延的对策对自己和同学们会有很大帮助。

  衷心感谢蒋老师的赏识,使我得以系统反思对研究生论文写作和时间管理的指导,并认识到,无论是之前提供给学生的文字,还是耳提面命,都存在很多疏漏,挂一漏万,不成体系。我基于迄今为止的做法,进行了体系建构,并予以提升。作为导师,我相信在此基础上能够做得更好一些。此外,送人玫瑰,手有余香,虽然本书围绕研究生指导展开,我也得以对自己的论文写作和时间管理进行审视,取得了一些可喜的认识。就此而言,无论本书命运如何,我自己已经获益匪浅。在此同时感谢许身健老师牵线搭桥,我们都来自法学院,直到 2012 年我们一同任院长助理。我们内心都是认真的人,表面上喜欢嘻嘻哈哈,在科研楼卫生间偶遇时相互问候"领导亲自来了"。他还十次有九次问:"书写完了吗?"本来应该轻松的时刻,被许老师问得很不轻松,一度我都怕见到他,现在总算能松口气了。

感谢赵宏写序。尽管她的外形像我的学生,但实际上我们是99级中国政法大学宪法学与行政法学专业的研究生同学,已经认识25年了,一辈子也就三四个25年。她是来自昌平的学霸,我是从天津大学过来的外来户。赵宏对人真诚,有亲和力,偏外向,有西北人的豪爽劲儿,一点都没有学霸架子,不知不觉跟她聊得较多。研一时我决定去德国留学,为避免这一另类选择引起关注,我几乎没跟任何人透露,只有对赵宏例外。硕士毕业,我奔赴汉堡大学,她去北京大学。2005年她博士毕业到中国政法大学中德法学院任教,2007年我入职中国政法大学法学院,成为一个学校的同事;2012年我调到中德法学院,我们在此共事几年,之后她去了法学院。平时各忙各的,工作上相互关注。记忆犹新的是,有一次我遭遇世人眼中的挫折,她担心我消沉,特地"大驾亲临"我的办公室,对我进行"诫勉谈话",循循善诱,动之以情、晓之以理,鼓励我振作起来。我淡泊名利,其实早已看开,但老同学的关心,仍然让我倍感温暖。赵宏伶牙俐齿,侃侃而谈,我笨嘴拙舌,吞吞吐吐;她是文艺青年,我却死活不懂读《挪威的森林》除了让人郁闷还是郁闷有什么好;她下笔如有神,我写作鬼上身。相同的是,我们都年过不惑,认识到应该抓紧时间做些事情。有赵宏为楷模和朋友,乃此生一大幸事。

请允许我借用本书付梓的机会,把目光投给我的家人。父亲于 1963 年毕业于长汀师范学校,几十年如一日当小学校长并以身作则,用菲薄的收入为经济拮据的学生垫付学费,改变了一些人的命运。怀念母亲,假期团聚,家人聊天其乐融融,儿子出生后她来京精心照料,历历在目。哥嫂多年支持我的学业,没齿难忘。与夫人相知相爱多年,越来越意识到我们优势互补。她擅长畅想未来,运筹帷幄;我注重脚踏实地,贯彻落实;她外向开朗,争强好胜,我只有用英语、德语跟人交流时才可以在同一频道谈笑风生,除此以外的应酬场合略显木讷,平时愿息事宁人;她果断干脆,有女汉子气概,我优柔寡断,经常磨磨叽叽;她在各种场合应变自如,我则习惯于躲开舞台中央的聚光灯;她抓大放小、不拘小节,眼镜时不时和她"捉迷藏",我欣赏德国人的一板一眼,追求秩序和条理。三年前她在疫情中逆行,作为穿西装的战士,奔赴祖国外交最前线,从此与我分处西欧和东亚,相隔万里,聚少离多,相互牵挂。憧憬未来常相伴,到时还得继续给她找眼镜。2014 年我在《宪法解释》中提到谢毅飞喜欢去中国政法大学而抗拒去幼儿园,以此表达对我的职业选择的赞赏。当时他还是幼儿园小朋友,现在已经跟我一样高,在足球场上叱咤风云,是年级球队的首发前锋,射门像大炮,身为初中生,跟高中生踢球才过瘾。《宪法解释》出版之后,谢毅佳才出生,未能未雨绸缪在那本书的后记里提到她,她耿耿于怀,这次终于可以补上这一缺憾。谢毅佳也喜欢去中国政法大学,原因是可以在这里的食堂吃饭,和我的学生玩,在办公室画画,"噼里啪啦打键盘"。她跟妈妈在比利时生活,姥姥和姥爷多年来一如既往地精心照料。偶尔有机会去看她们,谢毅佳高兴异常,"抛弃"妈妈跟我睡,特别是没有像以前那样,为了避免看到我并不完美的脸蛋,而要求我面朝暖气片,这让我的心里倍感温暖,同时也对自己的长相恢复了些许信心。

感谢我的学生。学生们的个案经历,为本书提供了丰富的素材。此外,学生们对初稿也提出了很有价值的意见与建议。某种意义上,本书是师生的共同成果,我只是执笔人。书中或许有一些有益成分,但错误也在所难免,就此而言,本书是集体智慧/愚蠢的结晶,师生荣辱与共,承担连带责任。

感谢所有翻开这本书的人。希望能有幸给您提供些微帮助,这将使我的生命增加厚度。浅陋之处,还请海涵,并敬请发电子邮件到 xie-libin@cupl.edu.cn 指正!